L'attrait des pôles

Tous droits réservés pour tout pays. © 2013, Les Éditions Perce-Neige.
Dépôt légal / Troisième trimestre 2013, BNQ et BNC.

Photographies en page couverture : THIBODEAU, Serge Patrice, *Isla Gable, Tierra del Fuego*; *Manchot de Magellan* à *Punto Tombo, Patagonie* (Argentine); *Bateau fantôme, Blanc-Sablon* (Québec).

Conception graphique : Jovette Cyr, ETP.

CATALOGAGE AVANT PUBLICATION DE BIBLIOTHÈQUE ET ARCHIVES CANADA

Thibodeau, Serge Patrice, 1959-, auteur
  L'attrait des pôles : récits de voyage / Serge Patrice Thibodeau.

ISBN 978-2-89691-127-1 (couverture souple)

  1. Thibodeau, Serge Patrice, 1959--Voyages. 2. Patagonie (Argentine et Chili)--Descriptions et voyages. 3. Argentine--Descriptions et voyages. 4. Labrador (T.-N.-L.)--Descriptions et voyages. I. Titre.

PS8589.H4436Z463 2013   C848'.5403   C2013-905704-8

DISTRIBUTION EN LIBRAIRIE AU QUÉBEC
Diffusion Prologue
1650, boulevard Lionel-Bertrand
Boisbriand (Qc) J7E 4H4

AILLEURS AU CANADA ET EN EUROPE
Les Éditions Perce-Neige   editionsperceneige.ca
22-140, rue Botsford   perceneige@nb.aibn.com
Moncton (N.-B.)   Tél. : (506) 383-4446
Canada E1C 4X4

La production des Éditions Perce-Neige est rendue possible grâce à la contribution financière du Conseil des Arts du Canada et de la Direction du développement des arts du Nouveau-Brunswick.

Ce livre est conforme à la nouvelle orthographe.
www.orthographe-recommandee.info

SERGE PATRICE THIBODEAU

L'attrait des pôles

Récits de voyage

Collection Prose

Vers le Sud

Perdre le nord

En sortant de l'hôtel je me suis dirigé vers la droite sur l'Avenida de Mayo, bien déterminé à satisfaire mon appétit à la terrasse de l'un des premiers cafés que j'apercevrais près de la Plaza de Mayo. L'ombrage des sycomores tempérait la chaleur humide de la ville et parvenait à me faire oublier que je respirais un air chargé de particules nocives et malodorantes. Le vol de nuit avait été long, beaucoup moins long qu'inconfortable, et après avoir survolé l'Amazonie, l'avion s'était d'abord posé à Santiago du Chili avant de traverser les Andes pour atteindre Buenos Aires, sa destination finale. Le taxi avait parcouru une partie de l'Avenida 9 de Julio puis avait tourné en angle droit sur l'Avenida de Mayo pour s'arrêter juste au coin, devant l'hôtel Madrid. J'avais eu le temps de repérer un dépanneur au coin de la rue, où je me suis rendu après avoir laissé mes bagages dans ma chambre; la soif m'étranglait et j'avais besoin d'eau minérale et de jus de fruit. Je suis remonté dans ma chambre et après une interminable douche à l'eau très chaude, je me suis pratiquement effondré dans mon lit. La sieste avait été bonne, puis la faim m'avait réveillé.

Je marchais lentement, encore sonné par le voyage, et mes yeux rougis et fatigués n'arrivaient pas à tout repérer, à regarder avec ravissement les façades éblouissantes des bâtiments et le contenu varié des vitrines. La Plaza de Mayo m'est apparue à travers les branches et le feuillage abondant des grands arbres, et je me suis arrêté à une terrasse avant de l'atteindre ; j'y retournerais le lendemain puisque là, en ce moment, j'étais trop affamé et fatigué pour continuer ma route. Je croyais deviner le profil de la *Casa Rosada*, le siège du gouvernement ; les États-uniens ont leur Maison-Blanche, celle des Argentins est rose. On raconte que cette couleur symbolise la réconciliation entre les deux principaux partis politiques du pays, représentés par le rouge et le blanc. Mais je préfère une autre version des faits. Il parait qu'on a mélangé du sang de taureau à la peinture blanche, une recette aujourd'hui oubliée. Mais, de ma table, je n'arrivais qu'à percevoir de loin une grisaille bien étrangère au rose, ce qui était possiblement le signe que la lumière n'était pas adéquate à ce moment de la journée.Bien entendu, la bière et la pizza que j'ai englouties étaient les meilleures de Buenos Aires, de l'Argentine, même, et probablement de toute l'Amérique du Sud, que dis-je, du monde entier, s'il le faut. Je découvrais qu'en Argentine, on sert la bière dans des bouteilles de grand format : six-cent-cinquante centimètres cube, au lieu de centilitres. Les choses banales prennent du relief quand on les rencontre ailleurs et sous un autre jour. Je regardais les gens passer avec lenteur, sans stress apparent ni empressement, ce qui était surprenant ; après tout, Buenos Aires est une mégalopole de près de douze-millions d'habitants, et je présumais que les gens seraient aussi énervés que dans les autres grandes villes, mais non.

Rassasié, j'ai été vite rattrapé par la fatigue. Il n'était que huit heures du soir et la nuit ne viendrait que passé dix heures, puisque le mois de janvier de l'hémisphère austral correspond au mois de juillet de l'hémisphère Nord, et les journées y sont très longues. J'ai donc rebroussé chemin au moment où le soleil atteignait la cime des arbres, au-dessus de la place. Avant de rentrer à l'hôtel, je suis retourné me ravitailler au dépanneur, en prenant bien soin d'apporter de quoi grignoter et une bouteille de *Quilmes*, de six-cent-cinquante centimètres cube, bien sûr. Je me suis endormi devant le téléviseur allumé avant d'avoir bu la moitié de ma bière.

Le lendemain, j'étais dangereusement en forme, enthousiasmé par l'absence totale de décalage horaire après un si long voyage. Le premier point au programme de la journée était un peu spécial. En effet, j'avais promis à mon complice lyricomane montréalais que je me précipiterais au Teatro Colón dès ma sortie de l'avion, ce qui n'était pas très réaliste, je l'admets. J'avais bien hâte de visiter ce théâtre qui est l'un des rares temples de l'art lyrique à organiser des visites de la cave au grenier. C'est là que Maria Callas a chanté une version inoubliable de *La Traviata* de Verdi en 1955. En sortant de l'hôtel, je me suis dirigé cette fois vers la gauche, puis après avoir traversé la gigantesque Avenida 9 de Julio, j'ai bifurqué vers la droite en marchant sur l'avenue aussi bruyante que le circuit Gilles-Villeneuve au mois de juin. Après plus d'une demi-heure de marche, l'émerveillement a fait place à l'incertitude ; j'aurais dû atteindre le théâtre depuis longtemps déjà. Mais, le voyageur orgueilleux que je suis refusait obstinément de sortir son guide de voyage afin de consulter la carte de la ville mémorisée des semaines avant le départ. Je marchais donc, entêté, bien déterminé à trouver le théâtre. Pour éviter le vacarme de l'avenue, j'ai emprunté une petite rue parallèle et ombragée et j'ai continué ma route. Je commençais à ressentir de la fatigue, et plus j'avançais, plus les trottoirs étaient cassés, défoncés, fracassés. J'ai même croisé un *porteño* qui se déplaçait sur une charrette à deux roues tirée par un âne. Et pourtant, au lieu de s'appauvrir, le paysage urbain devait au contraire devenir de plus en plus opulent à mesure que je me dirigeais vers le nord de la ville. J'espérais ne pas me retrouver dans une *villa miseria*, comme on appelle ici les quartiers miséreux semblables aux favélas du Brésil.

Je me suis arrêté dans un café et tout en buvant mon double espresso, j'ai consulté très discrètement un plan de la ville. Je ne reconnaissais plus le nom des rues ni ceux des avenues ; il fallait bien accepter le fait que j'étais perdu, mais au lieu de demander des précisions à la serveuse, ce que je pouvais faire aisément avec le peu de connaissances que j'ai du castillan, j'ai persisté à vouloir retrouver ma route tout seul.

J'ai croisé une policière et l'idée m'est venue de lui demander mon chemin mais, juste au moment où j'allais lui adresser la parole, j'ai aperçu plusieurs voies ferrées sur ma gauche, longeant une autoroute suspendue : tiens, je m'approche de la gare de Retiro, je suis sans doute sur le bon chemin. J'avais probablement longé le Teatro Colón distraitement et je l'avais manqué. Une fois rendu à la gare, une foule bigarrée grouillait de partout devant une grande place au bout de laquelle s'élevaient les deux flèches effilées d'une très belle église. Je suis passé devant la gare ferroviaire en me dirigeant vers la gauche où devait se trouver la gare routière, toujours selon le plan de la ville. Je voulais en profiter pour réserver le billet d'autobus qui me permettrait de partir vers le sud, en Patagonie.

Aucune gare en vue ; je me suis retrouvé dans une espèce de souk en plein air où l'on pouvait acheter absolument n'importe quoi sous une chaleur écrasante. Il était midi et j'avais marché pendant presque trois heures. Le doute m'a envahi ; penaud, je suis entré dans la gare ferroviaire afin de trouver la solution à mon égarement. Tiens, voilà une bouche de métro, qu'on nomme ici le *subte*, le souterrain. Au-dessus de l'entrée du tunnel je lis les lettres du mot *Constitución*. Quoi ? Ça devrait plutôt être *Retiro* ! Je n'en peux plus ; je sors mon guide et j'étudie le plan du métro ; imbécile ! Je suis rendu à l'extrême opposé de la ligne C du métro, le terminus au sud de cette unique ligne verticale qui traverse la ville. Mais comment diable est-ce possible ? Comment ai-je pu croire que je me dirigeais vers le nord alors que je marchais résolument vers le sud ? Ce plan de la ville n'est donc pas fiable ?

J'achète une carte de *subte* valable pour cinq trajets et je m'engouffre dans le métro aux murs couverts de carreaux émaillés. Les voitures sont en bois vernis et de grands ventilateurs rendent la chaleur supportable. En montant vers la station de *Retiro*, j'essaie de comprendre comment j'ai fait pour me perdre ainsi, dans une ville où s'orienter est un jeu d'enfant, avec ses rues et ses avenues toutes en lignes parallèles comme sur une feuille de papier quadrillé. Je ressors mon guide de voyage, et je me concentre sur le coin des avenues de Mayo et 9 de Julio. C'est pas vrai ! Pas possible ! Alors que j'avais cru que l'hôtel Madrid se trouvait au sud de l'Avenida de Mayo, il se trouve du côté nord, juste en face de la bouche de métro *Lima*. J'aurais dû plutôt tourner à gauche sur 9 de Julio, et j'aurais ainsi atteint le Teatro Colón en moins d'un quart d'heure ! J'ai compris que la place aperçue la veille n'était pas celle de Mayo, mais plutôt celle de Congreso, à l'autre bout de l'avenue, vers l'ouest, là où j'avais vu le soleil se coucher. Décidément, traverser l'équateur m'avait complètement déboussolé !

Mais bon, puisque me voilà rendu enfin à Retiro, aussi bien m'acheter un billet d'autobus. La gare routière me rappelle celle de Rio de Janeiro ; très fonctionnelle, aucune raison de ne pas trouver ce qu'on cherche. Pourvu que les billets d'autobus soient disponibles, ce qui n'est pas évident en haute saison, au moment où les *porteños* profitent de leurs vacances d'été pour voyager dans leur pays. De guichet en guichet, de compagnie en compagnie d'autobus, celles qui se concentrent sur les destinations au sud du pays, impossible d'obtenir une place pour le surlendemain ; impossible de sortir de la ville avant sept et même dix jours ; tout est réservé. Je m'acharne pendant près de deux heures, faisant la queue ici et là pour me faire dire : *no hay*, il n'y a pas de place. Je m'étonne de la patience et de l'espoir qui m'habitent ; je suis déterminé à me procurer un billet pour partir dans deux jours, quitte à passer le reste de la journée à le chercher.

Ça y est : un guichet devant lequel il n'y a personne, voilà ma chance. Je dis à la caissière que je veux partir vers le sud après-demain, peu importe la destination. Elle cherche, les sourcils froncés et les yeux rivés à l'écran de son ordinateur : *tengo uno* : Puerto Madryn. Un seul billet, dix-neuf heures de route. J'aurais aimé me rendre à Bahía Blanca pour couper le trajet en deux, mais je n'hésite pas et je lui dis sur-le-champ : *lo quiero*, je le veux. Tout heureux, je range mon précieux billet et décide de reprendre ensuite le *subte* pour me rendre au Teatro Colón où m'attend une autre surprise : les visites sont suspendues pour deux semaines. Ce n'est pas grave, je devrai repasser par Buenos Aires et j'en profiterai pour découvrir plus tard les intérieurs de l'immense édifice.

J'ai sillonné la ville en tous sens pendant deux jours. De ce côté de l'équateur, je ne peux plus rien nommer, ni les arbres, ni les fleurs, ni les constellations. L'étrangeté des choses de la vie quotidienne contraste vivement avec l'allure européenne de Buenos Aires. Dans les cafés, on se croirait à Paris, à Madrid ou même à Vienne. Les gens sont d'une extrême gentillesse, et le service est irréprochable. Le café Tortoni joue ici le même rôle que le Procope ou les Deux Magots à Paris, ou le Slavia à Prague. Et comme j'affectionne les objets kitchs, je m'achète une montre du plus mauvais gout avec le logo du café imprimé sous les aiguilles. Ce n'est pas parce que j'ai perdu le nord que je dois perdre la notion du temps... J'ai hâte de quitter la ville non pas parce qu'elle m'éreinte, mais parce que j'aurai tout le temps de la parcourir à la fin du mois. J'ai surtout hâte de longer l'Atlantique et de parcourir les trois-mille-deux-cents kilomètres qui séparent Buenos Aires d'Ushuaia, en Terre de Feu, de l'autre côté de la Patagonie, au bout du monde.

Il est bientôt temps de partir. Je prends un bon repas au café de la gare routière avant de me rendre sur le quai d'embarquement. Mais je suis inquiet : le tableau des départs n'indique pas à l'écran le numéro du quai où je dois monter dans le bus *Andesmar* à destination de Rawson (là-bas on prononce Raoussonne). Un bus de la même compagnie doit partir à la même heure pour Comodoro Rivadavia, mais d'un autre quai. Je décide d'aller m'informer auprès du chauffeur de ce bus, mais peine perdue, il me dit qu'il y en aura un autre sous peu. Dix minutes après l'heure de départ indiquée sur le billet, je rentre dans la gare et monte au premier étage. Devant le guichet de la compagnie *Andesmar*, un petit groupe de gens animés gesticule en criant à tue-tête à l'employé qui ne veut rien entendre, campé derrière sa paroi de verre qui le protège des passagers frustrés. Je me joins à eux. Il se trouve là deux hommes en colère, quatre ou cinq autres qui ont plutôt l'air amusé, et une jeune femme accompagnée de sa grand-mère, une vieille dame aux yeux perçants qui, avec un fichu blanc sur la tête, pourrait bien être l'une de ces Mères de la Place de

Mai qui réclament depuis trente ans des nouvelles des trente-mille disparus de la Guerre Sale, victimes du régime militaire dictatorial. Le jeune homme en colère injurie copieusement une gérante aux cheveux hérissés : la Méchanceté incarnée, qui l'insulte à son tour. La vieille dame me dévisage puis elle m'arrache le billet des mains. Se tournant vers la Méchanceté incarnée, elle lui montre mon billet à bout de bras en hurlant : ¡ *Mira, el señor también, mira!* Regarde, le monsieur aussi, tu vois ! La Méchanceté incarnée l'ignore allègrement et continue d'invectiver le jeune homme qui, n'en pouvant plus au milieu de ce tourbillon affolant de paroles, assène un formidable coup de poing à la vitre dont les éclats revolent tout autour de notre petit groupe. Peu de temps s'écoule avant qu'un gardien de sécurité ne s'amène, suivi d'un représentant de la compagnie. Ce dernier nous somme de le suivre, puis la vieille dame me remet mon billet et m'attrape par le bras ; nous dévalons l'escalier au pas de course sans le jeune homme qui engueule le gardien de sécurité et les représentants d'Andesmar. En bas, je remercie chaudement la vieille dame qui rebrousse chemin après s'être assurée que sa petite-fille est bien montée à bord d'un autobus dans lequel on nous a placés. Ce bus se rend à Mendoza, à l'ouest du pays, vers les Andes. Je me dis que ce n'est surement pas au milieu des vignobles que je verrai les manchots de Magellan, mais je me laisse faire avec résignation. C'est l'aventure.

Après avoir été pris dans un monstrueux embouteillage pendant plus d'une heure, nous atteignons une autre gare où nous attend un bus qui affiche la destination de Rawson sur le devant du véhicule. Nous montons à bord à la nuit tombée, et, ô consternation ! les sièges libres sont effectivement nos places respectives. Je me cale dans mon siège énorme, et j'ai toute la place voulue pour mes grandes jambes. Je comprends enfin qu'on avait mal indiqué la gare de départ sur nos billets, d'où toute cette confusion.

À bord, même service que dans un avion, avec un agent qui nous sert à boire et à manger. Après le service, nous avons droit à un film idiot, mais je suis trop fatigué pour essayer d'en démêler les péripéties. Je ferme les yeux, heureux d'être en route vers la Patagonie. Avant de m'endormir, je souris en remerciant la Vierge de Luján qui a placé la vieille dame sur mon chemin.

Les manchots de Punta Tombo

Quand je me suis réveillé, nous avions roulé toute la nuit sur la route N3 dans la vaste pampa humide de la province de Buenos Aires. J'avais pu dormir et mon sommeil avait été réparateur. Le grand confort de l'autobus, les bouchons dans les oreilles et le masque sur les yeux avaient fait en sorte que, pour l'une des rares fois de mon existence de voyageur, j'avais réussi à sombrer dans un sommeil très profond malgré le mouvement du véhicule, allongé confortablement dans un siège *semi-cama* qui me permettait de m'étirer les jambes au point d'en avoir les orteils en éventail, la nuque bien installée au creux de la partie supérieure du dossier. L'odeur du café m'avait réveillé ; *el servicio al bordo* venait de débuter avec, sur un plateau en plastique que « l'agent de bord » nous tendait, des croissants chauds, du jus d'orange, des confitures et un excellent café corsé qui remettait vitement les neurones à leur place. Ragaillardi, j'ai ouvert les rideaux pour regarder défiler le paysage dans les environs de Bahía Blanca, là où le cône de l'Amérique du Sud commence à rétrécir sérieusement. Mon excitation croissait à mesure que nous approchions du Río Negro, un fleuve aux eaux d'un blanc verdâtre. Au début des années 1870, l'intrépide William Henry Hudson en fait la description suivante dans son récit *Un flâneur en Patagonie* :

> « Le fleuve a été nommé par les aborigènes, bien à tort d'ailleurs, Cusar-leofu, ou fleuve Noir ; peut-être l'épithète s'applique-t-elle seulement à sa rapidité et à son caractère dangereux ; car il n'est pas du tout noir comme son homonyme amazonien. L'eau qui coule des Andes à travers un continent de pierres et de cailloux, est merveilleusement pure et d'une couleur vert de mer clair. Elle semble si verte sous certains éclairages, que lorsqu'on en recueille dans un verre, on s'étonne de la voir changée, non plus verte, mais de cristal comme la rosée ou comme des gouttes de pluie. »

Quoi qu'il en soit, l'apparition imminente du fleuve, noir ou vert, me comblait d'enthousiasme parce que ce cours d'eau est le seuil officiel de la porte d'entrée de la Patagonie : m'y voici enfin rendu, après en avoir rêvé pendant trente-cinq ans. Je me sentais riche.

C'est à partir de ce point que Patagonie rime avec monotonie. Les buissons épineux et les herbages secs, jaunis et roussis au plus fort de l'été austral, sont balayés par des vents furieux qui soulèvent des tourbillons de poussière. Après un arrêt bref à San Antonio Oeste, nous sommes rendus à la hauteur de Punto Lobos et d'El Enpalme, où nous entrons dans la province du Chubut. Quelques heures de route encore et nous serons à Puerto Madryn. Je vendrais mon âme pour pouvoir prendre une douche. L'autobus tourne enfin à gauche, empruntant une route perpendiculaire à la N3. Pendant tout le voyage, de chaque côté de la route, on n'avait vu défiler que la plaine interminable, incolore et aplatie par les vents d'ouest, et voilà que s'étalait soudainement devant nous l'océan Atlantique, au pied d'une longue côte flanquée de falaises aux formations géologiques impressionnantes, de quoi se rappeler que le monde n'est ni informe ni monochrome. Puerto Madryn. Je pousse un interminable soupir de soulagement. Après avoir passé dix-neuf heures à rouler sur la route, je ne demande plus qu'à me servir de mes deux jambes.

La ville a été fondée en 1886 par des colons gallois et elle porte le nom de Love Perry, baron de Madryn. D'ailleurs, toute la région côtière du Chubut a été peuplée par des Gallois, tel qu'en témoignent les toponymes : Rawson, Trelew, Gaiman. Ces gens étaient des nationalistes du pays de Galles frustrés par la domination répressive des Anglais. Après avoir tenté de s'installer en Australie, ces Gallois ont demandé l'autorisation au gouvernement argentin de s'établir là pour pouvoir conserver leur langue et leur identité religieuse et culturelle, ce qu'ils ont obtenu difficilement, puisque les Anglais des îles Malouines s'y opposaient fermement. On risque de se frotter à l'anglophobie quand on apprend l'histoire du développement social, politique et économique de la Patagonie, de la Terre de Feu et des îles Malouines. Après plusieurs épreuves, de nombreuses morts et d'interminables déboires, ces Gallois ont réussi à inventer un système d'irrigation dans la vallée du fleuve Chubut et à y faire pousser de quoi survivre. La langue galloise n'est parlée aujourd'hui que par les vieillards de Gaiman, mais la plupart des traditions perdurent quand même dans la région où l'on trouve encore de nombreux salons de thé et des enfants aux cheveux roux.

Puerto Madryn est une ville sans charme, blottie au creux d'une anse énorme, baignée par le *Golfo Nuevo*; au nord s'étire l'isthme de Carlos Ameghino qui mène à la péninsule de Valdés, une réserve faunique nationale où l'on retrouve plusieurs espèces d'animaux marins. De l'autre côté de l'isthme, le petit golfe de San José, et une réserve ornithologique interdite aux bipèdes nocifs que nous sommes, et nommée à propos *isla de los Pájaros,* l'île aux Oiseaux. La forme de cette île, vue du ciel, a inspiré nul autre que l'aviateur courageux qu'a été Antoine de Saint-Exupéry; il en a reproduit les contours dans le dessin du boa mangeur d'éléphants, dans *Le petit prince.* La Patagonie a inspiré à cet écrivain singulier les romans *Vol de nuit* et *Terre des hommes.*

À l'information touristique de la gare routière, Luciana, une sympathique jeune femme qui fait honneur à son métier, m'a conseillé d'éviter la péninsule de Valdés en ce temps de l'année où les hordes de touristes ne permettent pas de s'y déplacer à un rythme que l'on souhaiterait. Les excursions proposées durent plus de douze heures et c'est à peine si on est autorisé à sortir de la fourgonnette. Par contre, tout en ne mentant pas sur les difficultés d'accès au site ni sur les exigences de l'excursion, elle m'encourage d'aller plutôt à Punta

Tombo, à 180 km au sud de Puerto Madryn, où je suis assuré de pouvoir déambuler parmi les manchots de Magellan pour au moins deux heures. Il est possible de m'y rendre en me greffant à un petit groupe d'un maximum de douze personnes. Je lui fais confiance et j'accepte, malgré une certaine hésitation due au mauvais temps qui sévit depuis deux jours. S'il fera beau demain ? Bonne chance, me sourit-elle.

À sept heures le lendemain matin, la fourgonnette m'attend à la porte de l'hôtel. Deux surprises me réjouissent : le soleil brille dans un ciel parfaitement bleu, et nous ne sommes que dix passagers accompagnés de Pablo, notre chauffeur aux yeux clairs comme des billes d'un vert troublant, et Monica, notre guide, avec un sourire à la Sofia Lauren. Notre groupe est formé d'un couple canadien enjoué, d'un couple allemand qui dort debout, de deux voyageuses danoises silencieuses, d'un jeune couple argentin visiblement très amoureux, d'une amie de Monica et de moi. Nous nous dirigeons vers Playa Unión, près de Rawson, où l'on nous revêt d'amples imperméables jaunes par-dessus lesquels on enfile des ceintures de sauvetage rouges. Puis c'est la procession jusqu'au canot Zodiak amarré près du quai. Jamais de la vie je n'aurais cru qu'un jour je monterais dans une pareille embarcation pour naviguer en haute mer, moi qui éprouve une peur bleue sur l'eau et qui suis loin d'être une créature aquatique. Mais il ne faut pas perdre la face, il faut plutôt se prétendre au-dessus de ses affaires. Ma peur s'estompe au fur et à mesure que des dizaines de *toninas overas* rivalisent de vitesse avec nous de chaque côté du Zodiak, en bondissant hors de l'eau. Les *toninas* (*Cephalorhynchus commersonii*) sont des petits dauphins noir et blanc qui s'adonnent à des prouesses acrobatiques pour le plaisir des gamins que nous sommes subitement devenus. Leur corps gracieux fonce rapidement dans l'eau de l'océan Atlantique que je m'étonne de voir si limpide, si bleue, si propre.

Nous reprenons la route en direction de Punta Tombo, 107 km de gravier au milieu de la pampa *seca*, mettant le cap sur l'Atlantique. Soudain, Pablo ralentit pour laisser un *pichi* traverser la route. Un *pichi* (*Zaedyus pichiy*), c'est le tatou velu de Patagonie, un xénarthre étrange qui ressemble au croisement entre une tortue et un cuirassé; ou bien à un char d'assaut préhistorique; ou encore à un véhicule sorti tout droit d'un film de science-fiction en noir et blanc. Apprivoisé, il peut servir d'animal de compagnie; l'effet sur les voisins est garanti, et ça éloigne aussi la parenté. On voit aussi sautiller quelques couples isolés de *maras*, de gros rongeurs qui ressemblent à un chien avec une tête de lièvre (*Dolichotis patagonum*), et parfois des *ñandús* effarouchés sortis subitement du fossé à notre passage, courant à toute vitesse pour aller se cacher sous un buisson. Ce sont de petites autruches dont le nom scientifique est *Peterocnemia pennata pennata*.

Nous délaissons la route 1 et bifurquons à gauche, vers l'est. Au bout d'une piste en lacet qui descend à pic, la maison principale de l'estancia *La Perla* semble faire la sieste sous les arbres, basse et modeste, presque minuscule. En Patagonie, un seul arbre est un luxe. Les propriétaires Luís et Francesco La Regina ont fait don à la province du Chubut d'un vaste territoire de 3,5 km de long en front de mer et large de 600 m dans les terres, que le gouvernement provincial a proclamé réserve faunique en 1979. Punta Tombo accueille chaque été cinq-cent-mille manchots de Magellan (*Sphenicus magellanicus*), soit près de la moitié de la population mondiale de ces sphéniscidés qui ont comme habitat les côtes de l'Amérique du Sud situées entre le pôle et les iles Galapagos dans le Pacifique, et le Brésil dans l'Atlantique.

Le statut de ces manchots est celui d'une espèce sur le point d'être menacée. Le déversement volontaire d'hydrocarbures en mer et les filets de la surpêche comptent parmi ses nouveaux prédateurs. Les langues anglaise et castillane utilisent le mot *pingouin* pour désigner à la fois les manchots et les pingouins; en français, les pingouins sont des oiseaux vivant dans les zones boréales et qui sont capables de voler. Les manchots vivent dans l'hémisphère Sud et ne volent pas, mais leur corps parfaitement hydrodynamique leur permet de nager à 8 km à l'heure, protégé par de courtes plumes ressemblant à des écailles. Une source estime à huit le nombre de plumes au centimètre carré; une autre, à vingt-sept. Ces plumes créent une étanchéité qui le protège du froid de l'eau; si par malheur un manchot traverse une nappe d'huile, son plumage perd son étanchéité et il mourra de froid dans l'eau ou de faim sur terre. D'une taille moyenne de cinquante centimètres, les adultes pèsent de quatre à cinq kilos, mais notre guide nous explique que cette année la pêche a été bonne, et certains adultes pèsent près de six kilos.

Dans ses relations du *Voyage de Magellan*, Antonio Pigafetta prend les manchots pour des canards. Le célèbre navigateur portugais a été le premier Européen à faire la découverte de ces animaux en 1519, d'où leur nom. Magellan a d'ailleurs laissé son nom à une très vaste quantité d'animaux, de fleurs, de cours d'eau et même de constellations.

Les manchots arrivent du Brésil à la fin aout. Les mâles atteignent Punta Tombo et prennent possession d'un terrier, d'habitude le même que les années précédentes, ou en creusent un nouveau sous un buisson, parmi des cailloux multicolores qu'ils affectionnent. Les femelles arrivent en septembre puis, après l'accouplement, pondent un ou deux œufs que le couple couve à tour de rôle pendant quarante jours. Le mâle et la femelle vont se gaver, en alternance, de sardines, d'anchois et de calmars qu'ils régurgitent dans le bec des poussins. Deux ou trois espèces d'oiseaux prédateurs viennent dévorer les œufs et les poussins laissés sans surveillance. Les petits mettent quatre-vingts jours à se couvrir de plumes puis, en janvier, c'est la mue, et on peut voir ces juvéniles à jeun, l'air égaré, recouverts d'un lainage brun plutôt laid, attendant patiemment que reviennent leurs vraies couleurs.Les manchots de Magellan ont le dos noir lustré et le ventre blanc ; deux bandes noires descendent le long du cou, et ils ont une tache rouge au-dessus de chaque œil ; leurs pattes sont bleuâtres, formées de trois doigts munis de griffes. Très curieux de nature, ne connaissant aucun prédateur sur terre, ils s'approchent des humains sans peur. À Punta Tombo, c'est comme au musée : on regarde, mais on ne touche pas. D'ailleurs, l'ambulance est là pour rappeler qu'un seul coup de bec suffit pour trancher un doigt ou un orteil, que les manchots confondent peut-être avec une sardine. Ils atteignent la maturité sexuelle à l'âge de cinq ans; selon les scientifiques, le plus vieil individu de Punta Tombo a vingt-trois ans et ne semble plus «intéressé à la chose» depuis deux ans.

En février, les adultes précipitent les poussins vers la mer comme les oiseaux poussent leurs petits en bas de la branche ou hors du nid. Puis en mars, ce sont les juvéniles qui partent les premiers vers les eaux plus chaudes et les rives du Brésil, suivis un peu plus tard par les adultes. Punta Tombo retombe alors dans le silence pendant cinq mois, peuplée de guanacos errants, cousins des lamas et ancêtres des chameaux (*Lama guanicoe*).

Les manchots de Magellan sont aussi le sujet d'une fort belle histoire. Pendant plusieurs siècles, des pirates et des pillards tel le redoutable voyou Francis Drake qui opérait avec la bénédiction de la reine Élisabeth (la première, pas notre couronne bienaimée) sillonnaient les eaux de l'Amérique du Sud en quête de trésors à ramener chez eux, à un point tel qu'on peut se demander si les Anglais, dans leurs moments de sobriété, ne seraient pas passés maitres dans l'art de voler les terres des autres après leur avoir confisqué tous leurs biens. Toujours est-il qu'à l'automne 1593, le *Desire*, un navire de cent-vingt tonneaux dont le capitaine était John Davis, voit son équipage, las de la faim, des poux et du scorbut, descendre à terre sur la côte patagonne pour y massacrer vingt-mille manchots de Magellan qu'ils ont fait sécher et saler, et dont ils ont rempli les cales. Le navire a poursuivi sa route vers le nord. Au large de Rio de Janeiro, les manchots ont pris leur revanche. Un ver des plus répugnants s'est développé et multiplié dans les carcasses des oiseaux, se répandant à la vitesse de la lumière et dévorant tout sur son passage : le bois, les tissus, le cuir, et même la chair humaine. Seul le fer a été épargné. Une grande partie de l'équipage a été décimée en quelques jours, dans des hurlements de douleur atroce, et lorsque le navire aux flancs rongés accosta finalement à Berehaven, en Irlande, au mois de juin 1594, l'odeur qui s'en dégageait était insupportable pour les pêcheurs de ce petit village. Le capitaine John Davis était l'un des rares survivants parmi les vers...

À observer inlassablement les inoffensifs manchots de Magellan, on se sent pris d'affection pour ces oiseaux nageurs, certes un peu clownesques sur terre, mais si élégants dans l'eau. Leur attitude est parfois touchante. Debout, l'air ensommeillé, la tête à la verticale, le bec ouvert et dirigé vers le ciel, ils ont l'air d'invectiver les dieux à coups de klaxon, comme s'ils leur reprochaient de les avoir un jour privés injustement de leur capacité de s'envoler.

Le détroit de Magellan

Vous connaissez Piogre ? En Suisse romande, Piogre est un lieu imprécis, imaginaire, ou encore un endroit très lointain et perdu. Les Suisses ont même l'expression, en réponse à un curieux :
— Tu vas où ?
— À Piogre, ferrer les mouches.

En France, la tante Jeannette loge à Trifouillis-les-Oies (à ne pas confondre avec Trifouillis-les-Ognons, capitale du pays des Rutabagas) ; en Provence, de Pampérigouste même on a vu la fumée au cul d'un curé métamorphosé en comète, tel que rapporté dans *La mule du pape* d'Alphonse Daudet ; en Wallonie, on agrandit le village avec des planches à Foufnie-les-Berdouilles ; au Québec, on envoie promener quelqu'un à Saint-Profond-des-Creux et on amène son costume de bain aux îles Mouk-Mouk ; à Rivière-Verte, où je suis né, la vue est superbe au sommet de la Montagne-Plate ; en Argentine, Río Gallegos, c'est Piogre. Enfin, je l'ai présumé en y débarquant, seize heures de bus plus tard.

À la gare routière de Puerto Madryn, devant le guichet de la compagnie *TAC*, neuf jours seulement après mon arrivée en Argentine, j'avais crâné en affichant orgueilleusement mon accent argentin en demandant un billet pour *Río Gachégo* ; la préposée à la vente des billets m'avait suggéré de prendre un siège *panorámico*. J'ai accepté en haussant les épaules : ¿ *porqué no* ? Les autobus qui roulent sur de longues distances en Argentine ont tous deux étages. En bas, quatre sièges seulement, de style *cama*, c'est-à-dire très larges et pouvant s'incliner à cent-quatre-vingt degrés. Il y aussi les toilettes, un espace de rangement pour les bagages, l'escalier qui monte à l'étage supérieur et l'office où « l'agent de bord » range tout ce dont il a besoin pour son service. Et devant, bien entendu, se trouve la cabine des deux chauffeurs, qui se relaient à tour de rôle. Mon siège *semi-cama* était placé juste au-dessus de la tête du conducteur, derrière une large vitrine panoramique qui était censée me procurer du plaisir pour le même prix qu'un siège tout au fond du véhicule.

À peine cinquante kilomètres après notre départ, la glace était déjà couverte de chiures vertes et jaunes comme des glaviots, des éclaboussures d'insectes au karma peu enviable. C'est là que j'ai compris pourquoi on dit de la Patagonie qu'elle est un désert de vent. L'autobus tanguait au gré des rafales, des sorcières de vent se bousculaient entre les buissons desséchés de la pampa et les passagers indifférents prenaient leur repas sans manifester le moindre signe d'inquiétude. La route de la *Meseta Montemayor* était obstinément rectiligne et ce haut plateau n'offrait aucune distraction, sauf, de temps en temps, le passage d'une ombre bleue projetée par un nuage qui glissait devant le soleil. La plupart du temps, nous roulions sur le côté gauche de la route. Je me fermais les yeux au moins une fois toutes les demi-heures, c'est-à-dire au moment où un véhicule arrivait de loin en sens inverse, la plupart du temps un camion remorque à dix-huit roues. La nuit tombée, l'agent de bord est passé dans l'autobus pour fermer et attacher les rideaux. On n'entendait plus que la pluie écrasée par le vent contre les vitres. Rien de plus pour me rassurer.

À la gare routière de Río Gallegos, des militaires et une foule bigarrée se tassaient le long des murs pour se protéger du vent et du froid en attendant de partir à l'ouest, vers El Calafate, ou vers le sud, pour le Chili et la Terre de Feu. Il était huit heures du matin et j'étais sonné, je n'avais pas dormi de toute la nuit et le café n'avait eu aucun effet sur mon humeur. Pour ne pas perdre de temps et surtout pour me trouver un lit au plus vite, je me suis dirigé vers le bureau d'accueil touristique où l'agente a fait quelques appels téléphoniques avant de me tendre une carte de la ville : Hôtel Liporaci, rue Lisandro de la Torre. Je me retrouve dans un bâtiment digne d'un pays satellite de l'ancienne Union soviétique, dans une chambre à trois lits, avec une salle de bain tout en plastique brun. Saint-Profond-des-Creux. Au moins, la propreté est irréprochable et le chauffage fonctionne. Je m'installe dans le lit du milieu et avant de fermer les yeux, j'allume la télé, par curiosité. Sur presque toutes les chaines, on diffuse un bulletin de dernière minute rapportant le terrible accident d'un autobus qui a percuté un camion. Il ne reste plus rien des rangées d'en avant. On a beau avoir le panorama devant soi, on risque toujours de frapper un mur. Je me réveille au milieu de l'après-midi, affamé. Je décide de ne pas prendre de taxi et de marcher vers le centre-ville. Comme à mon arrivée à Buenos Aires, je perds le nord encore une fois, mais j'ai tôt fait de m'en apercevoir. Je commence à m'habituer à penser nord-sud au lieu d'est-ouest. Ça sent le trèfle blanc sucré et la camomille sauvage. C'est à peu près tout ce qui peut pousser dans cet environnement sans arbres, désolé et abattu par les vents.

Une fois rassasié, je pars en tournée de repérage et je ne suis pas très impressionné par le centre commercial de la ville ni par ses rues plutôt vilaines. Je saute alors dans un taxi et me voilà à la gare routière, au bout d'une longue file d'attente. Je ne peux pas partir pour Ushuaia avant le surlendemain, toutes les places étant réservées d'avance. C'est bon. Je passerai deux jours aux iles Mouk-Mouk s'il le faut.

Capitale de la province de Santa Cruz, Río Gallegos est situé près du 51e parallèle sud, ce qui est à peu près l'équivalent de Blanc-Sablon sur la Côte-Nord du Québec, ou de Saint-Anthony, à l'extrémité de la Péninsule du Nord, à Terre-Neuve. La ville se trouve à environ 2 700 kilomètres de Buenos Aires et à 600 kilomètres d'Ushuaia, le but de mon voyage. C'est d'ici que partent les avions en direction de l'Antarctique. Fondée officiellement en 1885, la ville doit son nom au fleuve ainsi baptisé par l'explorateur Simón de Alcazaba en 1535. Peuplée d'un peu moins de 100 000 habitants, elle a joué un grand rôle dans l'histoire contemporaine de l'Argentine.

En 1981, l'économie du pays était dans un état catastrophique et la population montrait des signes d'impatience envers le régime militaire. Dans de pareils cas, les dirigeants avaient l'habitude de réveiller de vieilles disputes frontalières avec le Chili afin de secouer le patriotisme argentin. Cette fois-ci, le général Leopoldo Galtieri a eu la lumineuse idée d'envahir les iles Malouines, que l'Argentine réclame à l'Angleterre depuis 1833 ; il ne se doutait pas que Mme Margaret Thatcher était tout aussi impopulaire que lui auprès de ses concitoyens et qu'elle n'attendait qu'un évènement de ce genre pour rallier les Britanniques derrière elle. Après 74 jours d'une guerre inégale, les soldats de l'armée argentine, pour la plupart des adolescents mal entrainés, ont dû battre en retraite, humiliés. C'était le début de la fin pour la junte militaire qui avait dirigé le pays d'une main de fer depuis 1976. En 1983, le civil Raúl Alfonsín a été élu président du pays, ce qui a mis fin à la Guerre Sale au cours de laquelle ont disparu 30 000 opposants politiques.

Le patriotisme argentin s'était cristallisé à Río Gallegos, d'où partaient les soldats pour les Malouines. Aujourd'hui, la ville compte de nombreux monuments en hommage aux très jeunes hommes tombés au combat et elle abrite une importante base militaire.

L'écrivain et philosophe québécois Paul Chamberland, compagnon chercheur, a écrit que «le nomade est celui qui consent à décevoir». C'est très juste. Mais je crois aussi que le nomade est celui qui consent à être déçu. Río Gallegos n'avait peut-être rien de génial à me proposer, ou peut-être ma hâte d'arriver à Ushuaia ne me rendait pas disponible à ce qui m'était offert, mais j'y ai quand même très bien mangé et j'y ai trouvé la même gentillesse et la même générosité que partout ailleurs en Argentine. Un employé de la compagnie Aerolíneas Argentinas s'est même plié en quatre pour me dénicher un billet d'avion qui m'éviterait d'avoir à remonter à Buenos Aires par la route. Je pouvais filer à Ushuaia sans me casser la tête au sujet de l'itinéraire du retour.

J'étais tout de même très heureux de quitter la ville et de reprendre l'autobus dès neuf heures le matin. Je savais que le meilleur m'attendait. En sortant ma carte de la Patagonie, je m'étais rendu compte à quel point ce lieu perdu est proche du détroit de Magellan. J'étais emballé à l'idée de voyager le jour, ce qui allait me permettre de jouir du paysage que l'on disait magnifique entre Río Gallegos et Ushuaia. Le trajet durait douze heures malgré les 600 kilomètres de route; c'est qu'il fallait négocier quatre postes frontières. On entre au Chili après avoir sorti de l'Argentine au poste de Monte Aymond. Le changement de décor est aussi dramatique que soudain, et on se croirait en Nouvelle-Zélande, au moins d'après les images que l'on peut voir dans le film *Le Seigneur des anneaux*. Des champs s'étendent partout en ondoyant, d'un vert noirâtre et pourtant lumineux; des estancias surgissent ici et là, bordées de troupeaux de moutons; des arbres innommables prennent des poses étranges sous un ciel bas presque violet, dressant leurs branches au-dessus d'une troupe de flamants roses s'ébrouant dans un marais.

Pour me raccrocher à la réalité d'un lieu, j'ai besoin d'un nom, d'un repère vocal et écrit. C'est pourquoi j'ai toujours été fasciné par les toponymes des cartes géographiques et des panneaux routiers, à commencer par ceux qui font rêver, comme L'Anse-au-Loup. La toponymie est à la base même de la *lecture* d'une carte. Certains font plus d'effet que d'autres, comme ceux qui portent le nom d'un explorateur et qui sont en même temps un seuil, un corridor, un lieu de passage. Détroit de Jacques-Cartier (1534), entre la Côte-Nord et l'île d'Anticosti. Détroit de Cabot (1497), entre Terre-Neuve et le Cap-Breton. Détroit de Magellan (1521), entre la Patagonie et la Terre de Feu.

Ferdinand de Magellan était convaincu que la terre était ronde. D'autres avant lui avaient découvert la route de la soie, la route du sel et la route de l'encens; il cherchait la route des épices, un passage vers l'ouest reliant l'Europe aux Indes en passant par la « mer du Sud » qu'avait découverte Vasco Núñez de Balboa en 1513. Le roi Don Manuel du Portugal ne lui accordant aucun crédit, Magellan a prêté allégeance au jeune roi d'Espagne Charles Quint et celui-ci lui a fourni cinq navires et 265 membres d'équipage. Après dix-huit mois de préparation, sa flotte quitte l'Europe le 20 septembre 1519. Il passe par les iles Canaries puis traverse l'Atlantique jusqu'à Río de Janeiro, descend la côte brésilienne jusqu'au Río de la Plata, et, de là, longe la côte de l'Argentine vers le sud. Il y fait la rencontre des indiens Tehuelche qu'il surnomme *Patagones* pour des raisons dont débattent encore les historiens. Après de multiples déboires et catastrophes, il arrive enfin au premier goulet d'un passage qu'il nomme le détroit de Tous les Saints en ce 1er novembre 1520. Il sait qu'il a atteint la fin du continent et qu'au sud se trouve un vaste archipel dont une grande ile, qu'il nomme la Terre de Feu à cause des nombreux feux allumés par les indigènes nus qui s'y réchauffent. Le 27 novembre, Magellan arrive enfin à la « mer du Sud » qu'il est surpris de trouver aussi calme ; *Pacifique*, se dit-il, sera le nom de cet océan.

Le premier goulet est le lieu où l'on s'embarque pour la traversée du détroit. Les passagers de l'autobus sont des étrangers pour la plupart ; quelques Brésiliens, peu d'Européens ; des Chiliens et de jeunes Argentins partis à l'aventure. Nous nous éparpillons sur le bateau. J'ai la gorge nouée ; je rêve de ce moment depuis presque trente ans. Durant la traversée, je regarde vers l'ouest et je m'étonne qu'en vingt petites minutes de navigation, le ciel et l'eau subissent autant de formes et de couleurs contrastées. Sur la rive nord, on aperçoit une seule petite maison blanche au toit bleu ; c'est dans cette direction que regardaient Magellan et ses hommes, sachant qu'ils seraient les premiers à emprunter cette nouvelle route vers l'Asie, réalisant la toute première circumnavigation de l'histoire humaine. Le vent glacé nous fouette la figure, mais je m'en réjouis ; ça me donne une raison de m'essuyer les yeux.

Nous avons repris la route et après avoir parcouru deux-cents petits kilomètres au Chili, nous devons négocier deux autres postes frontières pour revenir en Argentine à San Sebastián. Tout léger, je sautille dehors en attendant les autres passagers, devant un panneau routier : Ushuaia 303 km. J'atteindrai bientôt le bout du Monde, littéralement.

Ushuaia et le canal du Beagle

L'autobus a quitté le poste frontalier de San Sebastián à l'heure prévue, en direction d'Ushuaia. Plus que 303 kilomètres, dont le tiers n'est pas pavé. Le trajet s'étire maintenant le long de la côte est de la Grande Île de la Terre de Feu, bordant la mer Argentine entre les 53e et 55e parallèles sud. Au nord, cela correspond au trajet qui sépare Happy Valley – Goose Bay et Nain, le long de la mer du Labrador, ou, selon des repères européens, la route entre Amsterdam et Copenhague, en mer du Nord.

La Grande Île de la Terre de Feu est la plus grande d'un archipel qui fait partie de la province de la Terre de Feu et de l'Atlantique Sud. Cette grande ile est scindée en deux parties presque égales, définies par une ligne verticale partant de l'entrée du détroit de Magellan au nord et allant jusqu'à la région de Lapataia au sud, près d'Ushuaia. La partie ouest de la Grande Île et toutes les iles situées au sud du canal du Beagle sont en territoire chilien. Le cap Horn vient ensuite ponctuer l'extrémité de la pointe du continent sud-américain, au point de rencontre des océans Atlantique et Pacifique.

Calé dans mon siège, je regarde défiler les contrastes, les couleurs, la luminosité qui nourrissent ce paysage austral, j'oublie la notion du temps, et, la fatigue du voyage aidant, j'essaie de trouver des noms, d'inventer des mots pour désigner des arbres inconnus et pour décrire un environnement inattendu. À part les flamants roses, j'identifie des lupins si énormes que je pense me tromper.

Nous tournons le dos aux steppes qui ressemblent à celles de Patagonie et le paysage se transforme subitement. Nous allons maintenant vers des montagnes hérissées, des zigzags de pierres ébréchées, plaquées contre un ciel changeant. Nous atteignons Tolhuin, une petite ville ombragée par des conifères, assoupie au bord d'un lac. L'autobus s'arrête devant une boulangerie-pâtisserie. Je fais provision d'empénadas farcis avec un hachis de viande de bœuf grillé et d'ognons caramélisés. L'air léger sent l'eucalyptus et le pin.

Je n'avais pas lu ma carte en profondeur, alors je ne m'attendais pas au spectacle qui allait se dérouler sous mes yeux. La route en lacet longe les rives du lac Fagnano (Kami, en langue yámana), monte et monte encore, flanquée de précipices. Plus nous montons, plus nous retenons notre souffle, non pas à cause du vertige, mais parce que frappés d'ébahissement au moment de passer le col de Garibaldi. La vue en plongée sur le lac offre une panoplie de détails à cette heure où le soleil est encore haut dans le ciel.

En nous approchant d'Ushuaia, bien qu'il soit vingt-et-une heures, le bleu du ciel est encore très lumineux et les nuages sont roses. Nous contournons un pan de montagne, puis la baie apparait et ses eaux se reflètent sur les façades de la ville. De l'autre côté du canal, vers le sud, les montagnes de l'Isla Navarino ferment le décor. Ce gigantesque amphithéâtre a quelque chose d'enveloppant et de sécurisant, protégé par les quatre pointes du mont Olivia, là où la lune se lève.

La position géographique de la ville lui vaut beaucoup d'attention, surtout depuis le 19e siècle. Située au bout du Monde, mais au début de Tout, dit-on, la ville la plus australe de la planète tient son nom de la langue yámana et signifierait « baie intérieure pénétrant vers l'ouest ». Ushuaia (on prononce *ou-sswaïa*) est blottie sur la rive nord du canal du Beagle, un passage de la route des Épices qu'on a ainsi nommé d'après le bateau commandé par Fitz Roy entre 1831 et 1836. Le jeune naturaliste Charles Darwin s'y était embarqué pour un long voyage autour du monde. L'expédition du *Beagle* a permis à Darwin de procéder aux recherches sur le terrain qui ont appuyé sa théorie de l'évolution des espèces.

Mais bien avant Darwin, Ptolémée (précurseur de la géographie, vers 90 – 168) était convaincu qu'un continent austral existait et qu'il était même habité. Évoquée par l'expression *Terra australis incognita*, cette masse continentale de l'hémisphère Sud devait servir à contrebalancer le poids des continents du nord, pensait-on, et ses habitants se nommaient les « antipodes », car on s'imaginait qu'ils vivaient les pieds en l'air et la tête en bas. On croyait même que ce continent était entouré de mers d'eaux bouillantes peuplées de monstres terrifiants qui en protégeaient les côtes.

Le peuple yámana vivait surtout au sud du canal du Beagle. Leur nom signifie « les gens », tout comme le signifie, aux antipodes, le mot « Inuit ». Le contact entre les Yámanas et les Européens a été brutal ; ces autochtones ont pratiquement disparu aujourd'hui.

Pendant que je savoure mon petit déjeuner, le réceptionniste de l'hôtel me fait la conversation. C'est un jeune homme potelé, courtois et visiblement bien élevé, issu d'un arbre généalogique européen très complexe, et verbomoteur dans la langue de Shakespeare. Au fil de ses réponses à mes questions, il me raconte un incident relativement récent qui impliquait deux Anglais. Les rapports sont toujours aussi tendus entre l'Argentine et le Royaume-Uni à cause de la dispute autour des iles Malouines. Le sujet est encore brulant en Argentine, et encore plus dans le Sud, tout près des iles.

C'est dans ce contexte que deux Britanniques en goguette ont un jour brulé le drapeau argentin en public tout en vociférant des slogans impériaux fort mal à propos. Ils ont été arrêtés, expulsés du pays et déclarés *persona non grata*, interdits à vie de remettre les pieds en Argentine, sous peine d'emprisonnement. Ça me rappelle ce bon Jules Verne et l'un de ses romans posthumes, *En Magellanie*, dont on dit qu'il est son testament politique. En parlant des visées territoriales du Royaume-Uni en Amérique du Sud, Jules Verne écrivit en 1898 que :

« Le pavillon de la Grande-Bretagne se promenait plus délibérément que jamais à travers les canaux et les sounds de la Magellanie. Ce qui était à craindre, c'était qu'un jour il ne fût planté quelque part, et, on le sait, rien de difficile à déraciner comme ce pavillon britannique ! »

En fait, c'est l'établissement d'une mission anglicane qui a marqué le début européen d'Ushuaia, en 1871. Le pasteur Thomas Bridges et sa famille quittent les iles Malouines et s'installent à Ushuaia afin d'évangéliser les Yámanas, dont la langue n'a bientôt plus de secrets pour cet homme intrépide. Treize ans plus tard, l'Argentine charge le commandant Augusto Lasserre d'ériger des bases navales le long des côtes de l'Atlantique Sud. Le nouvel établissement s'organise lentement, puis à cause de son cadre géographique, on décide logiquement d'y installer une institution pénitentiaire majeure qui sera le centre d'activités d'Ushuaia. Plusieurs de ces hommes sont déjà célèbres en leur temps : ce sont des tueurs en série, des anarchistes, des originaux et des étrangers. La routine quotidienne d'Ushuaia est scandée par les déplacements des forçats aux uniformes rayés jaune et bleu. Les corps de métiers sont nombreux et l'économie tient la route. Dans tout le pays, Ushuaia est surnommée la Ville des Prisonniers. Toute l'infrastructure urbaine est créée et gérée en fonction du pénitencier jusqu'en 1947, l'année où les autorités ont décidé de fermer la prison. Il parait que ç'a pris du temps pour que les habitants de la ville s'habituent à leur nouvelle routine quand, en 1950, le gouvernement argentin a fait d'Ushuaia une base navale majeure de l'Atlantique Sud.

Il existe des signes indiquant que l'on fait l'un des plus beaux voyages de sa vie. On se réveille angoissé, de peur de ne pas être là où l'on s'est endormi, comme si tout ça n'était qu'un rêve. On désire revenir dans ce pays avant même de l'avoir quitté, et on fait des projets en ce sens. Et puis, on ne trouve pas les journées assez longues.

Après mon premier petit déjeuner copieux à Ushuaia, je me dirige tout naturellement vers le port.

Les murs du centre-ville affichent des messages universels : ¡ *Basta de masacre en Iraq y el Mundo !* ¡ *Paz ahora !* Le soleil est bon, mais on frissonne à la moindre bourrasque ; mieux vaut s'habiller en rangs d'ognon. Tout près des quais, on a éparpillé des petits pavillons ou des cabanons en bois, où l'on propose des excursions et des services divers aux adeptes d'écotourisme. Je me décide pour une croisière de six heures sur le canal du Beagle. En fait, je n'avais pas beaucoup le choix ; ici, rien n'est prévisible et les croisières risquent d'être annulées une fois sur deux. Une seule des quatre croisières possibles est offerte aujourd'hui.

Ici, le temps change toutes les cinq minutes, comme à Terre-Neuve. Mais, comble de chance, il fait un temps radieux et selon notre guide, nous devons nous estimer heureux de profiter d'une aussi belle journée. Nous quittons le port au milieu de l'après-midi à bord du *Luciano Beta* de la flotte Tolkyen. Ça augure bien. À notre droite, au sud, c'est Isla Navarino et le Chili. La rive à notre gauche, au nord, est en territoire argentin. Aussitôt sortis de la baie d'Ushuaia, nous naviguons parmi les iles Bridges. Le catamaran s'arrête près de l'ile aux Loups marins, *Isla de los Lobos*, où deux mâles et leur harem respectif se prélassent au soleil. Plus loin, c'est l'ile aux Oiseaux, *Isla de los Pájaros*. Une colonie de cormorans y laisse son odeur de poulailler et de longues traces blanches qui dévalent sur la surface lisse du rocher. Sur un autre ilot, on dirait que quelqu'un a laissé trainer ses fourrures. Des otaries comateuses se font sécher en tenue de gala. À la sortie du petit archipel, le phare des Éclaireurs fait le fier, debout sur un rocher d'un rouge ocreux, texturé comme du basalte, on dirait, vu du bateau. L'eau du canal est d'un bleu acier presque troublant, transparent et dense à la fois. Avec la lumière vive de l'après-midi et les cumulus qui jettent une ombre ici et là, le pourtour et les champs d'horizon qu'offre l'île Navarino changent de teintes et les perspectives se transforment au rythme du déplacement du bateau.

Une petite troupe de manchots de Magellan fait sa toilette près de l'île Gable sur une plage aux cailloux multicolores. Parmi eux, sans doute égaré le lendemain d'un soir de fête, un manchot Empereur sort de sa torpeur, se lève paresseusement en klaxonnant, indigné qu'on lui trouble son sommeil. Debout, il est trois fois plus grand que ses amis.

Le catamaran fait le tour de l'île et nous rebroussons chemin en affrontant ces vents d'ouest que les explorateurs appréhendaient tant au temps de la marine à voile. Il est impossible de rester dehors et tous les passagers s'abritent dans les espaces publics. C'est le temps de casser la croute et de passer à l'apéro. La moitié des gens dorment.

Juste avant d'entrer dans la baie d'Ushuaia, alors que le soleil descend, je me risque à sortir dehors et à monter sur le pont supérieur du bateau pour prendre des photos. Le vent et des gouttes d'eau me fouettent le visage. Mais encore, comme lorsque je traversais le premier goulet du détroit de Magellan, comme lorsque je passais le col de Garibaldi, il ne reste plus que ces quelques mots dans ma tête : c'est beau, c'est bon, c'est ça.

En descendant le littoral vers le 55ᵉ parallèle sud, je me réfère au 55ᵉ parallèle nord sur les cartes géographiques et je lis Anticosti et Blanc-Sablon, je lis le détroit de Jacques-Cartier, le détroit de Jean-Cabot et le détroit de Belle-Isle. Je parcours la côte est de la Patagonie et de la Terre de Feu tout en me reportant à la Basse-Côte-Nord du Québec et au Labrador.

À force de regarder par en haut, à force de comparer la côte de l'Atlantique Sud à celle de l'Atlantique Nord et de dire aux gens d'Ushuaia que j'habite à « l'autre bout du Monde », que nous sommes les riverains du même océan, que nous sommes, au fond, des antipodes, je ne peux plus voir les Amériques de la même façon. L'attrait des pôles, sans doute.

Plus loin devant moi, c'est le cap Horn et l'Antarctique, je ne peux pas aller plus loin vers le Sud. Il est temps de rebrousser chemin, de repartir vers le Nord.

Je pense à l'estuaire du Saint-Laurent, au couloir des icebergs le long des côtes du Labrador. La prochaine fois que je reprendrai de nouveau la route, si je montais aussi loin, si je montais là-haut ? Si je cédais encore, mais autrement, à l'attrait des pôles ?

Buenos Aires

Buenos Aires

Buenos Aires

Punta Tombo

Punta Tombo

Détroit de Magellan

Terre de Feu

Canal du Beagle

Ushuaia

Ushuaia

Ushuaia

Canal du Beagle

Rimouski

Kegaska

Kegaska

Saint Augustin

Saint Augustin

La Romaine

Lac Melville

Makkovik

Natuashish

Nain

Nain

Nain

Anse aux Meadows

Saint Anthony

Saint Anthony

Mer du Labrador

Mer du Labrador

Rivière Petitcodiac

Moncton

Vers le Nord

Rimouski

Depuis une trentaine d'années, quand je reprends la route et que j'atteins ma destination, le même type de cauchemar revient me hanter pour quelques nuits. Je suis rendu, disons, à Amsterdam ou à Buenos Aires, à Cracovie ou à Damas, je rêve que je reviens en visite dans la maison natale, à Rivière-Verte, le temps d'une fin de semaine. Toute la famille élargie est là et m'écoute raconter mon voyage. Quand vient le temps de repartir, je suis coincé, incapable de mettre un pied devant l'autre. Personne ne veut me conduire à la gare routière ni à l'aéroport, on m'ignore et je me sens emprisonné, puis je me réveille tétanisé.

Ce premier jour du mois de juillet 2007, à la gare routière de Moncton, je demande un billet à destination de Rimouski. Le commis zélé décide que ça lui revient, à lui, de changer mon itinéraire. Il est prêt à me jeter dans le bus qui emprunte l'autoroute transcanadienne à destination d'Edmundston et de Rivière-du-Loup. Je détache soigneusement chaque syllabe de mon plus bel accent franco :

— *I insist. I want very much to take the bus to Miramichi and Campbellton, and then to Rimouski. Discussion over.*

Le commis imprime mon billet à contrecœur, en faisant la baboune. L'angoisse. Je ne tiens absolument pas à traverser en autobus les terres de mes grands-pères, de peur d'y rester piégé. J'entreprends tout juste le très long parcours d'un piéton professionnel qui atteindra, plaise à Dieu, le 56e parallèle nord. J'ai deux bateaux à prendre, et l'un d'eux, le *Northern Ranger*, retarde son départ depuis quinze jours à cause des glaces tardives qui s'accrochent obstinément à la côte du Labrador. Je m'inquiète à l'idée que tous mes plans risquent de tomber à l'eau, littéralement. Je ne veux pas rater le premier bateau, le *Nordik Express*. Je veux monter dès aujourd'hui la route 11-Nord vers Campbellton, et de là prendre un autre bus pour Rimouski. Qu'on ne m'indique pas une autre route, sinon je disjoncte.

J'ai mis six mois à préparer cet itinéraire, une étape à la fois. J'ai dû tout réserver en janvier et février, tout : gites du passant, hôtels, bateaux, avions. Jamais voyage, en trente ans, ne m'a paru aussi compliqué à organiser. En plus, c'est la toute première fois que je voyage dans mon propre pays. Si je rate une seule étape, tout s'écroule. En janvier 2006, pendant l'été austral, j'avais longé la côte Atlantique entre Buenos Aires et Ushuaia, *le bout du Monde et le commencement de Tout*. Ushuaia est située au 55e parallèle sud. Maintenant, je veux découvrir la Basse-Côte-Nord du Québec et longer la côte Atlantique vers le nord, en cabotant lentement d'un village à l'autre, jusqu'aux antipodes, à Nain, un petit village inuit du Labrador. Je me suis pris d'affection pour la côte occidentale de l'océan

Atlantique et j'éprouve un sentiment d'appartenance à la fois vague et profond à ce vaste territoire maritime.

Ce qu'il est convenu de nommer le *littoral acadien* du Nouveau-Brunswick est en fait un chapelet de lieux dont les toponymes démontrent clairement la présence non seulement des Acadiens, mais de celle des Mi'kmaqs. On quitte d'abord le centre-ville de Moncton en longeant quelque temps la rivière Petitcodiac, dont le nom signifie *courbée comme un arc*. Cette courbe est aussi à l'origine du toponyme *Le Coude* par lequel les Acadiens désignaient l'endroit avant 1755. Aujourd'hui, la rivière compte parmi l'une des plus menacées au Canada, et ce, à cause de la construction d'un pont-chaussée à la fin des années soixante, un projet stupide et irresponsable qui a entrainé la destruction quasi totale de son écosystème. Un important projet de restauration a été approuvé par le gouvernement provincial, les vannes de l'affreux pont-chaussée ont enfin été ouvertes et la rivière devrait être restaurée à 82 % d'ici 2015, si les politiques tiennent.

L'autobus roule à peine depuis une demi-heure, sur un court tronçon de l'autoroute 15, qu'il faut déjà s'arrêter à Shediac. La lenteur. Dans ce monde où prendre l'avion est devenu une corvée, où l'on nous emmerde allègrement à l'aéroport pour un tirebouchon douteux ou une pince à épiler suspecte, la lenteur est un vrai luxe, vu sa rareté. Les gens se méfient de la lenteur ; elle force l'être humain à écouter sa voix intérieure, à poser son regard sur ce qu'on évite généralement d'envisager, de reconnaitre, de questionner ou d'imaginer. Par exemple : d'où est venue cette idée saugrenue de s'autoproclamer «capitale mondiale du homard»? Au moins, ça fait rire. Et ça fait oublier que tout le monde ne sait pas trop d'où vient ce nom de *Shediac*. Les touristes viennent ici l'été pour s'exhiber la bedaine et le *speedo*, pour dévorer des crustacés et pour se baigner dans «les eaux les plus chaudes au nord de la Virginie». Il est vrai que les plages sont belles, le long du détroit de Northumberland, que les Acadiens d'avant 1755 nommaient *la mer Rouge*. C'est à partir de Shediac que commence la route 11-Nord qui mène à la porte d'entrée de la Gaspésie.

Sur la carte routière, on peut lire des noms de lieux évoquant les rapports des habitants avec leur environnement. On dirait presque un poème: Pointe-du-Chêne, Grande-Digue, île de Cocagne, dune de Bouctouche, Cap-Lumière, rivière Richibouctou, baie de Kouchibouguac, Pointe-Sapin, Escuminac, Elsipogtog, Neguac, Tabusintac, baie de Miramichi. Rien à voir avec les toponymes anglais, irlandais ou écossais qui portent pratiquement tous le nom d'un colon oublié ou d'un obscur comté de l'Angleterre profonde.

Miramichi est un lieu intrigant; en fait, cette ville est née de la fusion des municipalités de Chatham au sud et de Newcastle au nord de la rivière Miramichi. Le pont très élevé qui enjambe la rivière est l'un des plus impressionnants que j'aie vus, et maintenant que j'y pense, il a un certain air de famille avec le pont Laviolette, à Trois-Rivières. Étonnamment, ce n'est que récemment que Miramichi est devenu un lieu de mémoire pour le peuple acadien. Pendant les déportations de 1755-1758 (les déportations massives ont pris fin au terme de la guerre de Sept Ans, en 1763), environ 3 500 Acadiens se sont réfugiés au camp de l'Espérance, menés par Charles Deschamps de Boishébert, à un endroit nommé aujourd'hui la pointe Wilson. Pendant le terrible hiver de 1756-1757, plus de 600 vieillards, femmes et enfants y sont morts de faim et de froid. Pourchassés par des mercenaires du Massachusetts, leur tête étant mise à prix, les réfugiés qui voulaient éviter de se faire capturer par les Anglo-américains se sont enfuis vers le nord, dans la vallée du Saint-Laurent et sur les rives de la baie des Chaleurs, en Gaspésie et dans le nord du Nouveau-Brunswick actuel.

Miramichi est aussi une escale où les autobus s'arrêtent à la gare ferroviaire, en retrait de la ville. En attendant de changer d'autobus, je me dégourdis les jambes sur le quai et j'aperçois pour la première fois une enseigne publicitaire de la compagnie VIA Rail qui vante ses activités : *People Moving People – Des gens qui vous transportent.* Je ne peux m'empêcher de sourire en pensant qu'effectivement, nos voisins ont nos déplacements à cœur ; la compagnie d'autobus qui dessert les provinces Maritimes se nomme *Acadian Lines* et le *Princess of Acadia* assure la traversée de la baie de Fundy. Sauf qu'aujourd'hui, nous sommes libres de nous déplacer quand bon nous semble et où l'on veut. Mais le transport n'est plus gratuit.

Au lieu de poursuivre notre route sur la 11-Nord qui longe la côte de la Péninsule acadienne, nous empruntons la route 8-Nord qui mène à Bathurst, un raccourci dans les bois que les spécialistes en la matière ont nommé la Forêt acadienne, et qui est la plus riche en essences de bois diverses dans toute la région de l'Atlantique. Dans les fossés, les lupins sauvages me rappellent les lupins géants qui m'avaient tant impressionné à Ushuaia, en Terre de Feu. Des clôtures grillagées bordent les deux côtés de la route pour éviter que les animaux sauvages ne causent des accidents souvent mortels. Un immense panneau jaune exhibe le profil noir d'un orignal avec, juste en dessous, un numéro de téléphone : 522-3777. Je me demande bien qui répond.

Nous rattrapons la route 11-Nord à Bathurst, et les toponymes franco-mi'kmaqs défilent toujours : rivière Tetagouche, baie de Nepisiguit, Nigadoo, Petit-Rocher, Pointe-Verte, Belledune (Belledune, contaminée par des produits chimiques, ne mérite plus vraiment son nom). Les Appalaches découpent le ciel vers l'ouest, et au nord, de l'autre côté de la baie des Chaleurs, on aperçoit les falaises fossilifères rouges de Miguasha, en Gaspésie, Patrimoine mondial de l'Unesco. Nous atteignons enfin l'embouchure de la rivière Ristigouche qui sépare le Nouveau-Brunswick et le Québec. Ici, il faut encore changer d'autobus et monter dans celui qui relie Matane à Rivière-du-Loup en passant par la splendide vallée de la Matapédia.

Nous traversons la Péninsule gaspésienne en suivant les méandres de la rivière Matapédia, à l'ouest des monts Chics-Chocs. Causapscal, Amqui, Val-Brillant, Mont-Joli. J'écoute parler les gens dans l'autobus. Il a suffi de franchir un pont pour que je me retrouve dans un autre monde. Je parcours un autre pays, ce n'est même pas une question d'accent, c'est une autre langue qui est en usage ici, et déjà, l'Acadien que je suis retrouve subitement, brutalement, son statut d'étranger, avec son look «Survenant». La nuit tombe, et treize heures plus tard, j'arrive enfin à Rimouski au moment où des feux d'artifice illuminent le ciel: j'avais oublié que c'est *Happy Canada Day*.

À Rimouski, *terre de l'orignal*, en langue mi'kmaq, les gens ne disent pas «le fleuve» mais «la mer». Je comprends pourquoi en me promenant sur le rivage. Je me sens tout petit au cœur de tout ce bleu qui m'entoure, de cette riche odeur d'iode qui flotte dans l'air.

Au centre-ville, en face de la maison de Majorique Côté, rue de l'Évêché, un monsieur âgé me repère au moment où je lis avec intérêt une pancarte qui explique que l'ornementation de ce bâtiment daté de 1820 «révèle des caractéristiques du renouveau classique dans le dessin des chambranles de fenêtres et dans le fronton, les pilastres et les fenêtres latérales de l'entrée principale».

— Cette maison a servi de prison avant la construction du premier palais de justice, m'explique le monsieur.

Ça ne lui a pas pris grand temps pour remarquer mon accent.

— Vous êtes d'en dehors de la ville?

Ma réponse le surprend.

— *So you come from New Brunswick?*

J'ai beau lui expliquer que je suis Acadien *et* francophone, ça ne sert à rien, il insiste pour me parler en anglais, une langue qui lui rappelle l'Alberta, où il a vécu dans sa jeunesse. Il est visiblement heureux de se rendre compte qu'il peut encore s'exprimer dans cette langue. Je l'écoute poliment et je réponds à ses questions. En français.

Le lendemain soir, alors que je termine mon repas à la terrasse d'un café, un client de la table voisine m'aborde.

— Vous êtes touriste à Rimouski ?
— Si peu, et pas pour longtemps.
— Vous êtes d'où ?
— De Moncton.
— En Ontario ?
— Pas vraiment, de l'autre bord, au Nouveau-Brunswick.
— Ma nièce se marie à la fin du mois et l'hôtel le plus proche, c'est là qu'il se trouve, au Nouveau-Brunswick.
— Ah bon, je vois. Excusez-moi. Je dois partir pour Blanc-Sablon.

Je n'ai pas le cœur aux explications. Je règle l'addition avec la ferme intention de retourner à l'auberge. Avant de rentrer, j'achète quelques provisions au dépanneur du coin. Je suis fébrile et je ne désire rien d'autre que de passer la soirée dans ma chambre. Je m'élonge sur mon lit en écoutant la si belle chanson de Claude Dubois : *Je dois retourner vers le Nord, chanter l'été du Labrador*. C'est avec un peu d'appréhension, quand même, que je me demande ce qui m'attend sur le cargo qui me bercera pendant trois jours et trois nuits.

Je ne sais même pas si j'ai le pied marin.

Havre-Saint-Pierre

Il n'est pas encore huit heures du matin et j'ai déjà englouti mon petit déjeuner et quelques cafés. Le *Nordik Express* devrait quitter Rimouski vers 13 h ; j'ai beaucoup de temps devant moi, mais si peu de patience. Il ne faut surtout pas que je rate le seul et unique départ de la semaine. Je compte prendre un autre bateau une semaine plus tard, le *Northern Ranger* qui longe les côtes du Labrador, mais il est incapable en ce moment d'entreprendre son cabotage estival à cause des glaces qui bloquent toujours sa route le long du littoral. Trois semaines de retard, ça doit commencer à se faire sentir dans les villages isolés qui ne sont reliés par aucune route. Pour l'instant, il faut que j'avance, et pour le meilleur comme pour le pire, je serai coincé à Blanc-Sablon ou à Goose Bay, ou ailleurs, peu m'importe, mais il faut que j'avance.

Vers 10 h, je n'en peux plus de tourner en rond. Le taxi me dépose sur le quai de Rimouski-Est, juste à l'entrée du grand parc de stationnement. Le *Nordik Express* est là, et vu de près, on se dit qu'il ne doit pas être possible de survivre pendant trois jours et trois nuits sur un si petit bateau. Je me retourne, le temps d'apercevoir le taxi qui a déjà fait demi-tour. Je ne peux plus rebrousser chemin ni renoncer à m'embarquer. De toute manière, le commissaire de bord s'avance déjà vers moi avec un large sourire, en me faisant signe de lui confier ma valise. Il me conduit à ma cabine après avoir consulté ses fiches ; il m'annonce joyeusement que je serai le seul à l'occuper pour cette nuit. C'est une chance et une aubaine ; je ne peux pas faire autrement que de me loger en classe économique parce que toutes les cabines dites supérieures sont réservées des mois et même des années à l'avance.

Le *Nordik Express* est un semi-cargo chargé de ravitailler une douzaine de petites communautés de la Basse-Côte-Nord du Québec ; les besoins des passagers sont secondaires. Ça ne veut pas dire que ceux-là ne sont pas bien traités, au contraire. Tout est en place pour leur sécurité, leur confort et, surtout, pour leur appétit, comme je n'allais pas tarder à m'en rendre compte.

J'explore chaque recoin du bateau, je file dans les coursives, à bâbord comme à tribord, j'ai vite fait le tour ; je passe mon temps à observer le travail titanesque des hommes qui sont chargés de la logistique de l'embarquement des marchandises. Des conteneurs, surtout, mais aussi des VTT ; des autos ; des vivres ; des caisses et des citernes de toutes dimensions et de toutes sortes ; un ou deux pickups blancs avec un logo vert forêt, plutôt discret : Sépaq.

La grue va et vient, soulève des tonnes de fret, charge le vaisseau et recommence comme guidée par une minuterie dont personne n'a le secret. Des camions arrivent à tous moments près du bateau, on décharge, on range sur le quai, on crie, on trie, on amarre, on démarre, on soulève, on désamarre et on décharge, on équilibre le tout avec une précision et un savoir-faire déroutants.

Amusé, je jette de temps à autre un regard vers les autres passagers qui s'embarquent par les petits. Je n'en reviens tout juste pas ; je croyais que seuls des aventuriers aguerris auraient l'audace de se taper un pareil périple. Je suis bien obligé de conclure que du haut de ma quarantaine avancée, jamais je ne réussirai à faire baisser la moyenne d'âge des passagers. J'en suis presque inquiet au moment où j'aperçois un beau ténébreux avec une mâchoire de jeune premier, visiblement en très grande forme, la casquette bien ancrée sur la tête, et qui fume placidement sa cigarette à tribord en jetant un coup d'œil bien attentif en direction des pickups. Équipé de bottines de randonnée dernier cri, jean flambant neuf, coupe-vent à la fine pointe de la technologie, bref, écogriffé, je me dis que je ne suis pas le seul qui s'apprête à affronter les caprices de l'été boréal. Se rendrait-il aussi loin que Blanc-Sablon ?

Au moment où j'allais m'approcher pour lui adresser la parole, un homme âgé vient se planter entre nous deux, l'air bourru, les yeux vifs et bouffis comme des chardons, la gueule prête à prononcer le jugement dernier, affichant l'attitude arrogante de celui qui connait tout en matière d'embarquement des marchandises. Affublé d'une casquette dont la visière est aussi large qu'un siège à bébé, il épie scrupuleusement chaque geste des débardeurs.

—Ouais, sont pas pires, qu'il me lance, généreux.

Et sans transition aucune, il me demande :

—Pêches-tu ?

À sa réaction, j'étais sûr qu'il allait me sauter à la gorge quand je lui ai répondu que non.

— D'où ce que tu viens ?

— Oh, pas très loin d'ici, au Madawaska, à Rivière-Verte, près d'Edmundston, au Nouveau-Brunswick. Allo ?

— Ouais, en Alberta ? À Edmonton ?

J'ai haussé les épaules en soupirant.

— Ouais, je trouvais que tu casses le français.

Je peux casser toutes sortes d'affaires itou, veux-tu que je te montre ? Je n'ai pas osé lui balancer ma remarque en pleine figure, mais à mon air bête, il a compris : il souriait jaune. Pauvre esclave, il m'avoue qu'il ne s'est jamais aventuré très loin de Victoriaville. J'ai décidé sur-le-champ de l'appeler affectueusement le Vieux-Fatigant.

— Ouais ben moi, j'ai tout mon kit de pêche pis ça fait longtemps que je prépare cette sortie-là.

— Ben son père, je suis bénaise pour vous, c'est merveilleux, bonne chance.

— Pis excuse-la, hein, des fois, je dis des niaiseries.

— Ben voyons monsieur, enjoyez votre croisière !

À l'heure du souper, je viens à peine de m'assoir quand le maitre d'hôtel me demande si j'ai des objections à ce qu'un autre passager partage ma table.

— Je m'appelle Raphaël.

C'est le Beau Ténébreux, que j'ai aperçu sur le pont du bateau, le cœur battant (le mien). Il est originaire de Val-Brillant, en Gaspésie, où il vit six mois de l'année. Au début juillet, il s'en va travailler dans une pourvoirie de l'ile d'Anticosti. L'ile d'Anticosti ? C'est aussi grand que la Corse et plus grand que l'Île-du-Prince-Édouard, ça représente l'équivalent du quart de la Belgique, 220 kilomètres de long et 55 kilomètres de large. Au nord, le détroit de Jacques-Cartier; celui de Honguedo au sud. L'ile est peuplée en permanence par environ 270 personnes auxquelles s'ajoutent deux à trois-mille travailleurs saisonniers.

— Je travaille pour la Sépaq.
— Ah c'est ça, j'ai vu les pickups blancs.

Il en est tout fier. Il m'explique que la Sépaq est en fait la Société des établissements de plein air du Québec. Sont organisés corrects. Syndiqués total. Bonnes conditions de travail. Solitude assurée. Parce que c'est ce qu'il a choisi.

— J'ai dit à mes tchums: mariez-vous à Val-Brillant pendant que je suis là, parce que j'ai plus envie de revenir pour des mariages, ça coute les yeux de la tête, prendre l'avion. Mes tchums sont pas mal tous mariés. Je pense que je suis à peu près le dernier qui l'est pas encore.

C'est bizarre, quand il me regarde en face, ses yeux sont bleus, puis quand il les tourne vers la salle, ils passent au vert. Raphaël semble apprécier son filet de sol Argenteuil. Puis il se met à rire.

— Ma mère me dit tout le temps: marie-toi jamais!

Bon, on a quand même un point en commun, hein, m'man? Pas pour les mêmes raisons, évidemment. Mais Raphaël, avec une certaine retenue, me demande, au passé composé plutôt qu'au présent:

— As-tu déjà été marié?

Je prends le temps de respirer très profondément,

je pose, félin, pensif. Mais je n'arrive pas à garder mon sérieux.

— Marié ? Pas que je sache ! Tu sais, quand j'avais ton âge, dans mon cas, c'était pas encore légal.

Fou rire. Gâteau moka et café. Micheline, la serveuse, s'approche de nous, toute joyeuse, et nous confie que demain, elle verra son fils de deux mois, un petit brin, à Port-Menier. Raphaël boit son café, rêveur.

— Tu sais, ça fait quatre ans que je vis six mois par année sur l'ile. Chaque année, je dis que c'est la dernière fois. Mais moi, j'aime ça, c'est mon style de vie. Je fais mes affaires, je dérange personne, j'ai un troupeau de chevreuils qui se promènent autour de mon chalet. Mais là, j'ai vingt-huit ans, pis ça l'air qu'il faut que je commence à penser à me caser.

Je ne dis rien. C'est lourd, son affaire, et complexe. Et je suis moi-même très, très mal placé pour lui prodiguer des conseils. À son âge, j'avais déjà parcouru quelques pays communistes et encore d'autres, innombrables, au Moyen-Orient, dans « l'Axe du Mal », et je m'étais finalement installé à Montréal pour une vingtaine d'années. En disant à qui voulait bien l'entendre que je n'étais là que de passage.

— Je comprends, mais tu sais... la trentaine, la bedaine...

Je rajoute : les morveux, l'hypothèque... Il est surpris que je connaisse la chanson des Cowboys fringants. C'est quand même étrange d'y penser, mais si j'avais eu un fils, il pourrait avoir à peu près le même âge que Raphaël.

Il regarde vers la salle, l'air moqueur. Lui aussi, il a

pris le temps de faire son repérage.

—J'ai remarqué que t'as parlé au Vieux-Fatigant ; c'est quelque chose, hein ?

Le beau Raphaël aurait-il lu dans mes pensées ? Il me pointe du nez un couple attablé à l'autre bout de la salle à manger.

—Tu vois le moustachu avec sa coupe Longueuil pis sa blonde qui débronze jamais ?

—Le Couple-Disco ?

Ma marque de commerce le fait rire.

—Imagine-toi, ils se sont mis dans la tête de sortir boire un verre à Sept-Îles à soir. C'est pas vrai !

Il n'opinait pas du bonnet, loin de là.

—Un lundi soir. Ils sont dus pour toute une surprise. Bon, tu m'excuseras, je m'en vais fumer une cigarette.

Quand nous sommes arrivés à Sept-Îles sur le coup de minuit, je dormais déjà profondément, bercé par le tangage. Le jour suivant était aussi radieux que celui du départ : ciel impeccablement bleu avec quatre ou cinq lignes blanches des avions en provenance de l'Europe, sans doute, et le fleuve aux eaux turquoise comme en mer des Caraïbes. Au loin, Anticosti, plate et sans relief, vue de loin. Et très loin, au sud, on devine la présence floue de la Gaspésie à la silhouette découpée par les monts Chic-Chocs. Nous arrivons à Port-Menier vers une heure, et j'ai tout juste le temps d'échanger un sourire et un signe d'adieu avec Raphaël qui s'active déjà sur le quai. Un pickup de la Sépaq l'attend, il monte à bord avant de disparaitre comme une étoile filante.

Après une longue balade dans le village de Port-Menier, où des dizaines de chevreuils se promènent comme des chiens ou des chats errants, je retourne au bateau et j'y retrouve Micheline, tout heureuse d'avoir pu passer quelque temps avec son fils. Après avoir contourné la pointe ouest de l'ile, nous amorçons la traversée du détroit de Jacques-Cartier.

Cap sur Havre-Saint-Pierre.

Au souper, le maitre d'hôtel se dirige vers ma table, accompagné d'un passager qui boite légèrement.

— Bonsoir, je m'appelle Michel.

Tiens, un autre prénom d'archange. Décidément. Lui, il marche, il marche, il ne fait que ça, que ça, que ça. Il ne s'arrête jamais de marcher. Pas un sentier européen qu'il n'ait parcouru : Compostelle, pour lui, n'est qu'un détail. Il a maintenant sillonné Anticosti à pied et s'apprête à faire de même en Minganie, à partir de Havre-Saint-Pierre. Une soixantaine d'années, le dos vouté comme s'il avait porté à lui seul et sur ses épaules le fardeau de toutes les peines et de tous les chagrins du Monde, aussi courtois qu'un élève formé dans un collège classique, un homme cultivé comme il s'en fait rarement de nos jours, Michel est l'un de ces êtres à l'écoute de sa propre voix. Une voix placée, sure d'elle, sans embuches et qui fait penser à certaines musiques contemporaines faites de longs sons filés. Nous discutons d'histoire et de littérature et, bien entendu, de voyageurs solitaires (des complices, par définition) à bord d'un cargo qui se déplace à 12 nœuds, à peu près 25 kilomètres à l'heure. Il est d'accord avec moi sur le fait que, de nos jours, la lenteur est un luxe.

— Un luxe nécessaire, précise-t-il en souriant sereinement avant de monter sur le pont supérieur où je l'aperçois plus tard, plongé dans sa lecture.

Les étoiles brillent déjà depuis un bout de temps quand nous accostons à Havre-Saint-Pierre. Je n'en reviens pas, on se croirait dans la Péninsule acadienne : toutes les rues sont pavoisées du tricolore étoilé et elles portent comme noms des patronymes typiquement acadiens. Les gens d'ici se désignent eux-mêmes comme étant des Cayens et des Cayennes. Le site web de la ville explique que la population acadienne du coin est arrivée à la Pointe-aux-Esquimaux en provenance des Îles-de-la-Madeleine, après avoir été déportée à Savannah, en Géorgie. En fait, cette explication est un raccourci. L'histoire révèle que 400 Acadiens ont été déportés de l'isthme de Chignectou, à l'automne de 1755, à bord du *Prince Frederick* et du *Jolly Phillip*. La jeune colonie puritaine et esclavagiste de la Nouvelle-Angleterre ne voulait pas de ces papistes francophones et catholiques. Elle les a laissé partir où ils voulaient. Plusieurs déportés sont descendus vers les Carolines ou la Louisiane, mais plusieurs autres sont remontés vers le nord, vers Saint-Pierre et Miquelon. Évincés plus tard de l'archipel, ils se sont ensuite réfugiés aux Îles-de-la-Madeleine, mais avec l'augmentation de la population, un groupe de familles s'est installé en 1857 à Havre-Saint-Pierre, que les Innus ont nommé Wepmiskaw, « la pointe du castor blanc ». Un certain Placide Vigneau a dépeint la vie en ces lieux dans un journal rédigé entre 1857 et 1926, et le village a connu les heures de gloire de son poète Raoul Jomphe. Les gens de Havre-Saint-Pierre sont de ceux que certains historiens ont si bien qualifiés de «piétons de l'Atlantique».

M'en retournant vers le quai, j'aperçois un groupe de gens qui fument et font la fête à la terrasse de *L'écoutille*. J'ai envie de me joindre à eux le temps d'une bière, mais le capitaine vient d'activer la sirène du *Nordik Express*; il est temps de remonter à bord. Les étoiles tournent dans ma tête. Sur le pont, quelqu'un a pris place là où Michel lisait, tout seul dans son coin.

Nous repartons, laissant derrière nous un village côtier du Labrador laurentien qui scintille dans la nuit.

Je pense à Raphaël, et contrairement à ce que j'ai si souvent vécu, ça ne me fait même pas mal. *Mon* Raphaël. *Mon* Beau Ténébreux. La chanson des Cowboys Fringants me revient en tête: *Mais au bout du chemin, dis-moi ce qui va rester? On dira qu'on était finalement des étoiles filantes.*

Ouais, des étoiles filantes.

Mais bon, trêve de rêveries, il est tard et je dois me lever à 5h demain matin.

À Natashquan.

Kegaska et Unamen Shipu

C'est le silence qui m'a réveillé, un silence de mine de charbon. Je m'étais habitué aux bruits de la salle des machines et j'essayais de deviner, du fond de ma cabine sans hublot, quelle manœuvre était associée à l'agitation des moteurs. Je n'étais pas fier en allumant ma montre : 6 h. Le réveil n'avait pas sonné. J'ai allumé la lampe de chevet, me suis levé prestement et j'ai tiré de mon sac ce dont j'avais besoin pour une toilette rapide. Le *Nordik Express* avait dû aborder le quai depuis au moins une demi-heure. Avec un peu de chance, il me restait trois quarts d'heure, peut-être un peu plus, pour me promener à Natashquan. En ouvrant la porte de la cabine, la lumière crue des néons m'a sauté au visage. Complètement ébloui, je vois apparaitre dans tout ce trop blanc une toute petite bonne femme, l'une des quatre matantes qui partagent la cabine d'à côté. L'octogénaire est toute rabougrie, le visage émaillé d'un large sourire aimable, les yeux plissés comme ceux d'un bouddha. Aussi mince soit-il, c'est là un regard à intimider tous les mécréants de la planète. Il n'y a pas de doute, c'est la bonne sainte Anne en personne, sauf pour les rouleaux sur la tête, tenus ensemble par un filet. Je lui dis bonjour et je file vers la salle de bain.

J'ai quand même pris le temps d'apporter un café pour me donner de l'élan pendant ma promenade. Le temps est radieux, le ciel est parfaitement bleu, sauf pour quelques lignes blanches qui le sillonnent d'est en ouest. Ce sont les traces des avions en provenance d'Europe, sans doute, à cette heure-ci. Cet arrêt à Natashquan est un parfait anticlimax : le quai est situé très loin du village et j'aimerais bien disposer d'un vélo pour m'y rendre. Je monte la côte qui mène vers la route 138 et je m'arrête pour reprendre mon souffle. Une nuée de mouches noires et de maringouins m'assaille alors que je tente de prendre des photos. Malgré le fait qu'il soit aussi tôt, le soleil tape fort et je n'ose pas enlever une couche de vêtements de peur de me faire dévorer. Découragé, je me résigne à rebrousser chemin et quelques minutes plus tard, je suis assis dans la salle à manger et j'attaque mon petit déjeuner avec un appétit inhabituel. Avant de remonter sur le pont supérieur, je salue les quatre matantes qui sont attablées en silence dans un coin.

Au-delà de tous les clichés, une matante représente pour moi l'amour inconditionnel. Pas toutes, évidemment. J'ai le privilège un peu anachronique d'avoir 20 matantes, dont 18 sont toujours vivantes. Et j'en ai des préférées, celles qui affichent, à chaque rencontre, un sourire craquant avec un ciel grand ouvert dans les yeux. Des femmes qui incarnent la joie de vivre.

Il fait vraiment beau et je ne peux qu'espérer qu'il en soit de même plus au nord. Je sais bien qu'il est inutile de m'inquiéter au sujet des glaces qui tardent à se retirer de la côte. L'autre bateau que je dois prendre à Goose Bay, le *Northern Ranger*, finira bien par quitter le port un jour ou l'autre. Ici, ça fait longtemps qu'il n'y a plus de glace. On se croirait au cœur d'une carte postale. Des ilets, des ilots, des rochers rougeâtres viennent briser la monotonie d'une mer très bleue, étale comme le ciel juste au-dessus. Un tout petit phare rouge et blanc se détache à l'horizon, au bout d'un cap. Aucune agitation, sauf sur le pont du bateau. Des enfants rient en jouant au chat et à la souris dans tous les recoins possibles. Ça change l'atmosphère. Des familles entières d'Innus se sont embarquées à Natashquan avec des glacières et des tas de bagages. Les passagers qui sont là depuis deux jours semblent un peu désorientés. Jusqu'ici, tout le monde avait le souci de respecter les deux pieds carrés de chacun et de chacune; tout le monde veillait à ne pas perturber l'intimité des autres. La promiscuité sur le petit navire était équilibrée par les escapades de chacun et de chacune pendant les escales dans les villages.

À l'exception des parties de cartes, le soir, dans la cafétéria, il n'y avait pas beaucoup d'animation. Les-Deux-Copains-Français, épaule contre épaule, balèzes, inséparables, ne se parlaient pas beaucoup. Âgées d'une cinquantaine d'années, la Femme-Épanouie, sereine, et la Femme-Tendue, raide comme un billot, ne lâchaient pas l'horizon des yeux. Le Couple-Disco s'amusait ferme et renchaussait le vieux cliché des banlieusards en goguette, mais ces deux énergumènes étaient bien sympathiques, au fond. Les deux institutrices retraitées, c'est-à-dire La-Femme-du-Vieux-Fatigant et La-Femme-à-la-Voix-Aboyarde marchaient en faisant le tour du bateau dans un sens puis dans l'autre tout en parlant, en parlant, en parlant, sans jamais s'étourdir. Tous de braves gens, un peu déboussolés par l'arrivée soudaine des Innus à bord du *Nordik Express*.

— Fait beau, Monsieur, hein ?

La bonne sainte Anne est là avec son grand sourire, accompagnée de ses trois amies. Elles se présentent : Landry, Boudreau, Comeau, LeBlanc. Bon d'accord, j'ai compris. Des Acadiennes de la Basse-Côte-Nord. Franchement, mes limites psychologiques de l'Acadie se sont plutôt élargies ces deux derniers jours. Les vieilles dames m'expliquent qu'elles sont de Blanc-Sablon et qu'elles font cette croisière presque tous les étés. De Rimouski, elles descendent à Québec en autobus pour y visiter des membres de la famille et des amies. De là, elles se rendent ensuite à Beaupré, pour le pèlerinage.

— Comme les Innus, précise Mme Landry.

— Les Innus ?

— Ben oui, la bonne sainte Anne est leur patronne. Ils font le pèlerinage tous les ans, des familles entières. Ils vont débarquer à Unamen Shipu cet après-midi, ou si vous voulez, à La Romaine. C'est là qu'ils vivent. L'été, au moins.

— Ah ! C'est donc ça ! C'est bien logique. Les Innus, comme les Mi'kmaqs et les Malécites des Maritimes, vénèrent la bonne sainte Anne depuis plusieurs siècles. Ça remonte au Grand Chef Membertou.

— Qui ?

— Ben oui, c'est de la Vieille Histoire. Au tout début de la colonie de Port-Royal, dans l'ancienne Acadie, les colons Français ont perdu un allié de taille quand le roi Henri IV a été assassiné; il était leur principal soutien. Le sieur de Pountrincourt avait des adversaires à la cour qui s'opposaient à son droit de détenir le monopole commercial dans cette «nouvelle» partie du Monde. On lui reprochait notamment de privilégier ses activités mercantiles au détriment de l'objectif premier de la colonie, la conversion des «Sauvages». Monsieur de Pountricourt était accompagné de l'abbé Jessé Fleché et sans perdre de temps, ce dernier a procédé à 21 baptêmes plutôt expéditifs, dont celui du Grand Chef Membertou, le 24 juin 1610, fête de Jean le Baptiste. Membertou est un Mi'kmaq célèbre dont les prouesses guerrières ont été chantées par le poète et chroniqueur Marc Lescarbot, dans son ouvrage intitulé *Les muses de la Nouvelle-France*. Selon la Tradition, c'est Membertou qui a fait de sainte Anne la patronne de son peuple, parce qu'il vénérait l'archétype de la grand-mère.

— Mon Dieu! Mais vous en savez gros!

Je n'ose pas dire à madame Boudreau que je m'intéresse depuis longtemps aux bondieuseries, mais je ne peux pas m'empêcher non plus de lui dire à quel point il est étrange que la bonne sainte Anne soit si vénérée par les catholiques alors qu'aucun des quatre évangiles ne parle d'elle.

— Quoi? Comment ça?

— Eh non! Son histoire est rapportée dans trois évangiles apocryphes qui ne sont pas reconnus par l'Église, c'est-à-dire l'*Évangile du Pseudo-Mathieu*, le *Protévangile de Jacques* et la *Cité mystique de Dieu de la sœur Marie de Jésus d'Agréda*.

Pour alléger un peu, je termine mon sermon en leur disant que sainte Anne est aussi la patronne des personnes seules, de ceux et celles qui œuvrent dans les hôpitaux, des mineurs et des marins.

— Ça fait du bien de voir qu'un jeune homme comme vous en sait autant sur la religion.

— Vous êtes ben fine, Madame Comeau, mais je ne suis plus tout à fait un jeune homme.

Tiens, parlant de jeunesse, je leur raconte que le village voisin de Rivière-Verte, où je suis né, se nomme Sainte-Anne-de-Madawaska, et qu'il a été érigé en paroisse en 1872. La statue au faîte de l'église a la tête complètement tournée vers la gauche, contrairement à toutes les statues qu'on peut voir de la sainte.

— Quand j'étais enfant de chœur, pendant la neuvaine, quelqu'un m'avait raconté qu'en 1947, le curé était allé quérir la statue à la gare ferroviaire et qu'il l'avait placée sur le siège à l'arrière de sa voiture, à côté d'un infirme. La statue a tourné la tête vers lui et l'infirme a été guéri sur le coup.

Les matantes étaient impressionnées, puis déçues quand je leur ai dit que ce n'était tout simplement pas possible, parce que la statue mesure neuf pieds de haut et qu'elle pèse trois tonnes!

— Par contre, la voici, la vraie histoire. Un jour, un incendie s'est déclaré au presbytère du village, à l'est de l'église. La statue a tourné la tête vers le bâtiment et le feu s'est arrêté aussitôt. La tête de la sainte n'a jamais repris sa position originale. Il est là, le vrai miracle.

La sirène du *Nordik Express* vient ponctuer notre conversation. À bâbord, un village se dessine par-dessus les rochers d'un rouge ocreux. C'est Kegaska, et à en juger par la disposition des petites maisons de bois et des hangars, on devine tout de suite le pittoresque des lieux. Je quitte le bateau en sautillant, heureux de pouvoir me dégourdir les jambes. Ici, pas de mouches noires ni de maringouins, mais un ensemble de bâtiments en parfaite harmonie avec le paysage. En langue innue, *quegasca* signifie «raccourci»; bâti sur les rives de deux baies et sur une petite ile, le village a été habité puis abandonné par différentes communautés d'origine française et anglaise au fil des siècles, à commencer par des Acadiens des Îles-de-la-Madeleine, et des anglophones de la Nouvelle-Écosse et de Terre-Neuve. Les villageois qui le peuplent actuellement sont arrivés de l'ile d'Anticosti à la fin du 19e siècle, et ils vivent pratiquement tous de la pêche au crabe. En traversant le petit pont qui mène à l'ile, je croise la Femme-à-la-Voix-Aboyarde qui insiste pour prendre une photo de moi avec mon appareil.

—Vous savez, moi aussi je voyage seule, même si je suis en compagnie de mes amis.

Bonne sainte Anne, ayez pitié. Malgré sa voix qui me tape sur les nerfs, je dois bien admettre qu'elle a justement l'air d'une personne abandonnée sur une ile. La photo qu'elle a prise de moi est terrible, je ressemble à une licorne avec le clocher blanc de l'église qui se dresse sur mon crâne. J'ai eu beau essayer de la recadrer avec l'aide d'un logiciel, en coupant le clocher, il reste que deux fenêtres m'encadrent la tête comme si une petite corne me poussait sur chaque tempe...

De retour à bord, il est encore temps de manger.

On nous sert un délicieux filet de merlu à la portugaise, tout aussi frais que le filet de flétan sauce hollandaise servi la veille au soir. Je ne m'attendais pas à manger aussi bien sur ce bateau. J'arrose mes repas de poisson d'un verre de chardonnay de Gascogne. Pas besoin de recevoir un Oscar pour se sentir le maitre du Monde. D'ailleurs, je ne suis pas le seul à me réjouir autant. Les trois derniers repas ont été très bruyants, les gens rient de bon cœur et socialisent d'un air enjoué. Tout le monde a adopté tout le monde, bien qu'en gardant une certaine réserve.

Puis, au beau milieu de l'après-midi, nous accostons au quai de La Romaine. Des dizaines d'Innus attendent leurs proches, assis dans des pickups poussiéreux ou perchés sur des VTT. Je descends du bateau d'un pas allègre et je monte la longue côte qui mène aux villages, c'est-à-dire le village blanc de La Romaine et celui des Innus, la réserve d'Unamen Shipu. D'abord, c'est le bilinguisme qui étonne ici. On peut lire sur des panneaux octogonaux rouges les mots « Nakaï » et « Arrêt ». Les poteaux s'élèvent à une hauteur effarante du sol, ce qui permet de deviner l'épaisseur de la couche de neige qui le recouvre en hiver. Je passe devant la réserve ornithologique de l'île à la Brume, où je rebrousse chemin. Juste avant d'arriver au terminal portuaire, je décide de m'enfoncer dans le paysage, presque littéralement, en suivant des ornières vers la droite. Pour ma première expérience dans la toundra, je m'enfonce parfois jusqu'au bas du genou dans la mousse. Puis, la voici, la fameuse route blanche, cette voie qu'empruntent les motoneigistes et qui s'étire sur

457 kilomètres entre Natashquan, où s'arrête la route 138, et Blanc-Sablon. Cette route traverse 15 localités et elle est bordée de 23 refuges entretenus par le ministère québécois des Transports. En juillet, même sans la neige, la route est blanche, recouverte de millions de fleurs en forme de petites boules de laine. Le thé du Labrador est en fleur. D'autres fleurs sauvages dont j'ignore le nom, minuscules et multicolores, peuplent ce jardin improvisé par une Nature qu'on dit violente, et qui pourtant exprime là tant de générosité. Et ces odeurs sucrées qui font tourner la tête.

De retour au quai, j'aperçois son père, le Vieux-Fatigant, installé confortablement avec tout son attirail de pêcheur, la ligne à la main, souriant avec panache. Je lui pardonne aisément son air bourru et ses remarques de l'autre jour au sujet de mon « français cassé ». Pauvre vieux, il me rappelle même un mononcle que je soupçonnais d'être le vrai Bonhomme-Sept-Heures.

Du haut du pont, j'observe les hommes qui finissent de débarquer les marchandises. Je ne peux m'empêcher de sourire quand je vois une palette sur laquelle sont placées 12 caisses de 24 bières destinées à une certaine, disons, pour ne pas dire son vrai nom, Gisèle Cormier. Est-elle l'institutrice du village ? La maitre de poste ? L'ingénieure ? La travailleuse sociale ? S'ennuierait-elle un petit brin ?

Après le souper (crabe des neiges, ô grands dieux, merci !), le bateau se met à tanguer sérieusement. On m'avait prévenu. C'est bien logique si on regarde la carte. On ne navigue plus d'ouest en est le long du détroit de Jacques-Cartier, ici, on bifurque à bâbord vers le nord-est et vlan! on est reçus de plein fouet par le courant du Labrador qui descend du détroit de Belle-Isle. La température chute subitement et le vent se lève comme s'allongent les visages, verts et angoissés. Presque tout le monde est malade, tellement ça brasse le Canadien, comme dirait le Vieux-Fatigant. Les amis de La-Femme-à-la-Voix-Aboyarde l'entourent de leurs soins; les matantes jouent aux cartes comme si de rien n'était; Les-Deux-Copains-Français, la Femme-Épanouie, la Femme-Tendue et le Couple-Disco ont disparu, probablement réfugiés dans leurs cabines. Je m'en veux presque de déambuler dans les coursives en mangeant des chips, tellement étonné que je suis d'avoir le pied marin. Je rentre dans ma cabine pour y passer une troisième et dernière nuit. Demain, je me lèverai à La Tabatière, puis en soirée, après sept jours de voyage en bus et en bateau, je débarquerai enfin à Blanc-Sablon.

Au cœur du Labrador

Voulant profiter pleinement de cette dernière journée à bord du *Nordik Express,* je me suis levé assez tôt pour arriver le premier dans la salle à manger. En engloutissant mon petit déjeuner, je lançais des coups d'œil réguliers vers les hublots qui longent le plafond. J'observais les rares changements de lumière qui nuançaient de temps en temps la grisaille. Facile de deviner que dehors nous attendait une journée pluvieuse. Depuis notre départ de Rimouski, le soleil avait toujours brillé dans un ciel d'un bleu irréprochable, mais après avoir quitté La Romaine, la veille au soir, le courant du Labrador avait fait tangué le bateau et j'étais le seul à m'être aventuré sur le pont pour défier le froid soudain qui s'abattait sur nous.

Après une courte escale à Harrington Harbour, en pleine nuit, le *Nordik* s'était arrêté vers les cinq heures du matin au quai de Tête-à-la-Baleine. Quelques-uns des passagers avaient parlé de profiter de l'occasion pour visiter ce village pittoresque, accompagnés d'un guide, mais après avoir souffert du mal de mer une partie de la nuit, j'imagine qu'ils n'étaient pas nombreux à avoir posé le pied sur le sol aux petites heures du jour. J'avais choisi la très sage option de ne pas quitter ma couchette. Autant réserver mon énergie pour mieux apprécier ce long voyage qui ne faisait que commencer.

Le petit déjeuner copieux m'avait requinqué. J'avais hâte de découvrir un autre dépaysement, un autre paysage marin, monochrome celui-là. Je voulais surtout tester la performance de mes vêtements de sport conçus pour ces latitudes. J'étais le seul passager équipé pour affronter les caprices du climat estival du Moyen-Nord canadien. Après tout, ma route continuait bien plus loin que Blanc-Sablon, beaucoup plus au nord, chez les Inuits, jusqu'à Nain, le dernier village habité sur le littoral de la péninsule du Labrador, face à l'Atlantique, au 56e parallèle nord. Un autre bout du Monde à atteindre.

J'entendais l'appel de la corne de brume que le capitaine actionnait toutes les minutes. Ce long râle dont l'écho restait suspendu dans l'atmosphère pendant quelques secondes me rappelait les sirènes des bateaux qui remontaient le Saint-Laurent et que j'entendais clairement de mon tout premier appartement, dans le Vieux-Québec, où j'avais habité quelque vingt-cinq ans plus tôt. Debout sur le pont, j'étais le seul à fendre la brume du regard pour tenter d'apercevoir quelque chose qui ressemblerait à la côte, à des îlets, à des rochers. Les sons étaient amplifiés par ces millions de particules d'eau qui flottaient autour de moi, j'entendais plus distinctement les craquements du bateau, des machines et des câbles d'acier, et même le clapotis de l'eau contre la coque. L'appel du navire qui signalait sa présence au large semblait être celui d'un mammifère marin cherchant à retrouver sa route, perdu dans une obscurité blanchâtre.

Plus l'appel devenait insistant, plus je commençais à distinguer les contours et le relief rocheux du littoral. La brume se levait lentement à mesure que nous nous approchions du village cossu de La Tabatière. Quelques maisons colorées se détachaient des falaises de pierre noire, plus grandes que toutes celles que j'avais aperçues auparavant au fil des villages de la Basse-Côte-Nord. Une forte odeur d'iode se mêlait aux effluves émanant du verre de café que je tenais entre mes doigts pour les réchauffer. Je n'osais pas débarquer ; les maringouins et les mouches noires avaient déjà envahi le pont.

Ce village regroupe les hameaux de Vieux-Poste, de Baie-Rouge et de La Tabatière, à peine cinq-cents habitants qui vivaient autrefois du commerce de la plume d'eider et de la chasse aux loups marins, avant de se consacrer aujourd'hui à la transformation de délices exquises comme le crabe, les pétoncles et les crevettes. Le nom du village vient de la langue innue : *tabaquen* signifie « sorcier ». C'est là que les chasseurs amérindiens venaient consulter un voyant avant de partir en expédition. Un peu plus à l'est du village se trouve Gros Mécatina, un refuge d'oiseaux migrateurs qui accueille chaque année le macareux moine, le petit pingouin, le guillemot noir, deux espèces de goélands et diverses espèces de sternes qui y résident en petites colonies.

Après avoir quitté La Tabatière, nous laissons derrière nous la Baie-des-Ha! Ha! et l'ile de la Grande Passe et en entrant dans la baie de Saint-Augustin, nous longeons de très près des rochers arrondis et bas, aplatis comme des carapaces de tortue, recouverts d'un lichen rosâtre et d'arbustes au vert fragile, surgissant comme par magie de cette eau d'un gris métallisé. Le *Nordik Express* navigue dans un labyrinthe de petits fiords semblables à des bras de mer et que l'on nomme des «rigolets», au Labrador, et c'est juste après dîner que le bateau aborde au «quai de toute marée», là où les pêcheurs locaux débarquent leurs prises.

    C'est de ce quai que partent des sentiers de randonnée balisés par des cairns. J'ai trop envie de me dégourdir les jambes pour me priver d'aller faire un tour en haut des collines. Et cette fois-ci, je n'attendrai pas que les mouches noires viennent à moi. Je m'asperge de chasse-moustiques avant l'accostage et j'attends impatiemment la fin des manœuvres avant de débarquer le premier du bateau. Autant profiter de cette dernière étape avant d'arriver à Blanc-Sablon, où je ne ferai que dormir quelques heures avant de monter plus haut vers le Nord.

    La pente est douce et mes chaussures de randonnée s'agrippent bien à la terre rouge pâle et légèrement graveleuse. C'est sans efforts que j'arrive au sommet d'une colline et que j'embrasse du regard un paysage largement ouvert à 360° et qui se déploie sans bruit sous un ciel juste assez cendré pour que la lumière qui s'en dégage se pose délicatement sur la végétation en délire. Luxuriant, le Labrador, en juillet. On est surpris de trouver ici une aussi grande variété de fleurs sauvages, d'arbustes, de buissons, de mousse, de lichens. Le thé du Labrador est en fleurs et on dirait des millions et des milliards de petites boules de flanelle blanche, de la peluche de laine éparée parmi des arbustes au ras du sol. Rien ne pousse très haut, ici, et les très rares conifères aperçus ne font pas plus de deux mètres. Mais ce qui frappe davantage, c'est la façon dont ces plantes et arbustes sont disposés, comme si quelque jardinier avait tout arrangé du haut du ciel, en disposant des couleurs à sa guise et composant des surfaces et des volumes étonnants, avec ça et là ces lichens rose et blancs collés au roc usé, gravelé, giflé par les vents.

Je m'avance en calant parfois jusqu'au genou dans la toundra humide. Je dois éviter les flaques d'eau qui sont plus profondes qu'elles n'en ont l'air, comme j'ai pu le constater la veille à La Romaine. L'air est sucré, la brise est douce et la vue sur la rivière Saint-Augustin impressionne. J'aperçois le quai de toute marée et des passagers du *Nordik* qui empruntent le même sentier que j'ai suivi. Des petits groupes se forment et quelqu'un s'approche de moi.

—Vous êtes naturaliste ? Vous prenez pas mal de photos de plantes.

—Non, je m'amuse.

Il n'a pas l'air de comprendre. Lui, tout ce qui l'intéresse, c'est pédaler. Une autre forme de lenteur, je suppose, et de solitude, aussi. Parce qu'il gobe de la distance, le cycliste de Sainte-Foy. Une année, il a pédalé de Victoria, en Colombie-Britannique, jusqu'à chez lui, à Sainte-Foy, d'où il est parti l'autre jour pour Natashquan. Il est ensuite monté à bord du *Nordik*, en descendra à Blanc-Sablon puis fera la traversée du détroit de Belle-Isle et débarquera à Sainte-Barbe, sur l'ile de Terre-Neuve. Il montera enfin la péninsule du Nord jusqu'à l'Anse-aux-Meadows. Je suis hors d'haleine rien qu'à l'entendre. Moi, je garde mon souffle en espérant que je pourrai monter comme prévu sur un autre cargo, en route vers le nord du Labrador. J'ai le pressentiment que je devrai bientôt revoir mes plans. Je saurai demain si j'ai raison de m'inquiéter.

En entendant l'appel de la sirène du bateau, nous sommes tous redescendus ensemble de la colline qui surplombe le quai de toute marée. Le bateau s'est remis en route au milieu de l'après-midi sous un ciel nuageux et lourd. L'eau noire qui s'étale tout autour fait frissonner les passagers qui vont, les uns après les autres, se réchauffer à l'intérieur. Nous avons laissé derrière nous l'ile des Genévriers et le village de Vieux-Fort, puis nous sommes arrivés à l'entrée du détroit de Belle-Isle. À bâbord, soulignant la côte, au loin, le village de Lourdes-de-Blanc-Sablon se détache clairement à l'horizon. J'ai traversé le pont pour aller me poster à tribord, curieux de voir si le regard peut se rendre jusqu'à la côte de l'ile de Terre-Neuve.

Soudainement surgi de l'eau, il était là, le Bateau fantôme, sous mes yeux, une épave de glace bleuâtre, un vestige ambulant comme une vieille histoire à la dérive, racontée selon les caprices des courants. Mon tout premier iceberg. Un ancien vaisseau un peu tordu, sans mâts ni voiles. Lisse et effrité à la fois, malmené, mais poli. Nous avons croisé deux autres géants de glace, moins impressionnants, puis le temps est venu d'aller manger.

Mon dernier souper à bord du *Nordik Express* a été

des plus somptueux. J'ai choisi l'assiette du pêcheur, un pêcheur qui avait été très chanceux ce jour-là. Le plat était garni de trois crevettes géantes, autant de pétoncles et de moules ; deux généreuses portions de saumon et de flétan ; une pince de homard et quatre pattes de crabe. Le tout arrosé de vin blanc. Je me sens riche. Et joyeux.

Après avoir passé une nuit à Blanc-Sablon, j'avais failli manquer mon avion dont le départ était pourtant prévu pour 11 h. Je venais à peine de me raser quand le téléphone s'est mis à sonner. On m'appelait de l'aéroport pour me dire que le pilote m'attendait avant de décoller. Protestant que le départ était prévu dans une heure, on m'a fait comprendre qu'à Blanc-Sablon, on a beau passer à l'heure d'été, personne n'y prend garde. Je me suis donc précipité à l'aéroport en laissant derrière moi ma plume Waterman flambant neuve.

À bord du Saab 340 qui allait mettre quelques minutes seulement à atteindre Goose Bay, l'agente de bord valsait en essayant de faire son service. Ça tanguait sérieux quand le pilote a amorcé la descente. La pluie fouettait la carlingue comme des vagues déchaînées, l'avion battait de l'aile et c'est sur une roue, puis sur l'autre, puis sur les deux, que nous avons bondi sur la droite, puis sur la gauche, et encore deux ou trois bonds sur les deux roues avant que ne s'arrête l'appareil, complètement désaxé, en travers de la piste. Je n'avais jamais connu atterrissage aussi musclé de toute ma vie de voyageur. Même une fois immobilisé sur le tarmac, l'avion valsait d'un côté puis de l'autre, ballotté par des rafales de pluie.

Le taxi m'avait amené à l'auberge où j'avais branché mon ordinateur portable avant même de défaire mes bagages. Mauvaises nouvelles. Le *Northern Ranger* ne part que mercredi, au lieu de lundi, et il ne va pas plus loin que Postville, le troisième village qu'il dessert sur la côte, au nord de Goose Bay. Les glaces collent au littoral et empêchent le bateau de se rendre plus loin, du moins, c'est l'avis de Marine Atlantique.

Que faire d'autre que de prendre mon mal en patience ? Tout ce que j'avais planifié pendant les six derniers mois risquait de tomber à l'eau à partir d'ici. Il fallait que je revoie tous les itinéraires possibles qui s'offraient à moi à partir de ce moment. Un autre bateau part pour Lewisporte, sur l'île de Terre-Neuve. Mais je ne veux pas y aller, c'est trop loin de l'Anse-aux-Meadows, une étape que je ne veux pas rater. Je me suis mis dans la tête d'atteindre le 56e parallèle nord et j'y parviendrai.

Le village de Makkovik est situé au 55e parallèle nord, tout comme la ville d'Ushuaia se trouve au 55e parallèle de l'hémisphère Sud, où je suis allé l'année précédente. Même si ma route devait s'achever à Makkovik, je ne repartirais pas les mains vides, en quelque sorte. J'ai donc décidé de rester deux nuits de plus à Goose Bay afin de monter à bord du *Northern Ranger* pour me rendre à Makkovik, où je passerais trois nuits dans l'unique auberge du village. Et puis après, que se passerait-il ? Je n'en serais qu'au milieu d'un voyage qui ne s'est pas déroulé comme prévu. Je ne pouvais surtout pas rentrer chez moi bredouille et perdre la face devant la famille et les amis à qui j'avais juré que je me rendrais là-haut, tout piéton que je suis. Jamais je n'avais rebroussé chemin, de toutes ces trente années passées à vagabonder sur cette terre, et ça ne commencerait pas ici.

Comme si je n'étais pas assez malchanceux, mes deux premiers repas à Goose Bay ont été une véritable catastrophe, dans un faux pub irlandais et dans un faux restaurant chinois qui m'ont fait regretter d'avoir débarqué du *Nordik Express*. Mais il fallait bien m'alimenter et c'était compliqué à partir de l'endroit où je logeais. Le Labrador Inn avait bien sa propre salle à manger, mais j'avais cru qu'elle était fermée parce que je n'y avais pas encore vu aucun client. J'avais choisi de descendre à cet endroit parce qu'il était situé à mi-chemin entre l'aéroport et le quai. En plus, j'avais accès à l'Internet et je pouvais faire la lessive. Ma chambre était très spacieuse et confortable, et bien que rudimentaire, elle était climatisée.

Après avoir téléphoné ici et là, les nouveaux arrangements étaient pris et les anciennes réservations, annulées. J'étais coincé deux jours de plus à Goose Bay qui me faisait penser à Río Gallegos, en Patagonie, deux villes pas très photogéniques, nées de conflits armés absurdes. Il faisait plus chaud à Goose Bay, cependant, au beau milieu de ce plateau sablonneux qui bat des records de chaleur en été. Pas une bâtisse qui ne soit équipée de climatiseurs capables de composer avec ce microclimat étonnant.

Profitant d'une belle journée ensoleillée, je me suis promené jusqu'à la baie des Oies qui mène au lac Melville, et rendu au quai, je me suis retrouvé face au

Northern Ranger, un vaisseau au gabarit impressionnant. J'avais déjà hâte de reprendre la mer, peu importe où elle me laisserait aller. La carte des conditions des glaces d'Environnement Canada indiquait que des icebergs dérivaient dans la mer du Labrador, tout près de la côte. Tant mieux.

Les dés en étaient jetés. Parti depuis dix jours, il me reste encore plus de deux semaines à passer sur la route. Je ne sais pas où j'irai ni ce qui m'attend, mais, pour l'instant et à partir d'ici, avec où sans les glaces, je me rendrai au moins jusqu'à Makkovik.

Chez les Inuits

Le tout premier départ de l'année était tellement attendu que la Société Radio-Canada avait même dépêché une caméra de télévision pour filmer les signes de la main d'une poignée de passagers alignés sur le pont du *Northern Ranger*. Le soleil était haut dans un ciel parfaitement bleu, comme si on avait voulu assurer un minimum de mise en scène pour cette histoire de départ tardif qui allait faire la manchette au téléjournal du soir. Trois semaines de retard dû à la glace, c'était assez rare pour un 10 juillet. Même s'il se risquait maintenant à longer les côtes de la mer du Labrador, le *Ranger* n'irait pas plus loin que Postville, à mi-chemin de sa destination habituelle, le village inuit de Nain, au 56e parallèle nord.

On peut dire que ce village d'un peu plus de mille habitants est le plus septentrional des établissements continuellement habités le long du littoral occidental de l'Atlantique. Nain doit son nom aux missionnaires moraviens qui ont fondé le village en 1770, sans doute inspirés par un passage de l'évangile de Luc selon lequel Jésus aurait ressuscité le fils d'une veuve dans une ville appelée Naïn, en Galilée (Luc 7, 11-17). Quoi qu'il en soit, l'équivalent méridional de Nain est la ville d'Ushuaia, en Terre de Feu, située au 55e parallèle sud, là où je me suis rendu un an auparavant. Ushuaia se targue d'être *el fin del Mundo* et elle affiche à grands gestes son statut de bout du Monde. Une fois rendu là-bas, il est vrai qu'un piéton est forcé de rebrousser chemin, là où deux océans se rencontrent, parce qu'à mille kilomètres devant, c'est l'Antarctique. Ça m'a incité à regarder vers le haut sur les cartes géographiques, à remonter par étapes vers le nord, et c'est comme ça que je me suis rendu compte que, tout piéton professionnel que je suis, je pouvais me rendre aussi loin vers l'autre pôle, *el otro fin del Mundo*, le bout du Monde boréal, toujours sur les côtes de l'Atlantique.

Contrarié par le retard imprévu du *Ranger*, qui se mettait en travers de mon itinéraire en me contraignant à modifier tous mes plans pour les deux tiers restants du voyage, j'avais décidé de me rendre au moins à Makkovik, juste avant Postville, au 55e parallèle. Une sorte de prix de consolation, au cas où je devrais renoncer à me rendre jusqu'à Nain. Ce n'était pas une question de temps qui m'inquiétait, loin de là, mais bien plutôt une question d'argent. Les produits et les services sont rares dans ces latitudes et rien n'est donné.

J'avais donc opté pour un autre plan. La propriétaire de l'auberge Adlavik m'attendrait sur le quai de Makkovik à huit heures du matin, puis je passerais trois nuits dans ce petit bled de 370 habitants. Je rentrerais ensuite à Goose Bay en avion, où je passerais la nuit avant de partir en direction de la péninsule du Nord et de l'Anse-aux-Meadows, à Terre-Neuve. À partir de là, si ça continue à ce rythme, je serai surement rendu au plan E de mon itinéraire.

Le lac Melville était aussi lisse qu'un miroir et à l'horizon se détachait la silhouette bleu marin des monts Mealy, vers le sud. Malgré le calme, aucune baleine en vue. Les marins s'affairaient sur le pont avant, certains se promenaient torse nu par cette journée exceptionnellement chaude. Il fallait tendre l'oreille attentivement pour arriver à saisir l'accent terre-neuvien des membres de l'équipage. On n'était déjà plus en Amérique, mais en Europe du Nord, sur une ile perdue au large de l'Irlande, peut-être.

À part moi, quelques passagers très âgés occupaient les cabines du pont principal, des Anglais partis de chez eux pour faire cette drôle de croisière, embarqués sur un semi-cargo et prêts à caboter le long des côtes de la mer du Labrador, loin du confort bucolique de Cambridge et privés de leur tasse de thé du Darjeeling. Quatre couples de braves gens à la retraite et qui espéraient apercevoir quelques baleines, des Amérindiens, des Inuits et des icebergs. Je me sentais aussi gringo qu'eux dans cet espace inusité, je nourrissais en plus le vain espoir de voir un ours polaire, rien de moins, tant qu'à rêver en blanc foncé. Comme ces touristes venus d'un autre bout du Monde, j'étais debout sur le pont, les bras appuyés sur la rambarde (sans le savoir à ce moment-là, j'irais même plus loin qu'eux), accablé par une lumière plombée et pourtant exalté à l'écoute du moindre geignement d'un écueil flottant.

Une espèce de mascaret se forme dès que le navire quitte les eaux du lac Melville pour s'engager dans l'étroit passage de Hamilton Inlet, qui mène à la baie Groswater. Juste avant de sortir du bras de mer, le

Ranger accoste au quai de Rigolet. Sur le pont, le froid est vif et les bourrasques de vent nous heurtent de plein fouet. Je repère un abri dans un coin, protégé du vent par des buttes de cordages, et je réussis à allumer mon dernier cigarillo *Northern Lights*. Les passagers autochtones débarquent les marchandises qu'ils ont achetées à Goose Bay; des femmes convaincues et ambitieuses ont ramené des plants de pétunias, des soucis, des pensées, et même des arbustes. Pendant ce temps, les débardeurs font leur travail et des VTT se balancent dans les airs au rythme des mouvements des poulies.

Je regagne ma cabine et je m'installe sur le lit avec mon ordinateur. Je télécharge puis regarde toutes les photos prises pendant la journée. J'écoute Suzie LeBlanc chanter Vivaldi. Ce décalage audiovisuel ajoute du volume et de la texture à l'étrangeté des lieux. Je bois le reste d'une bouteille d'absinthe ramenée de l'aéroport Charles-de-Gaulle quelques semaines plus tôt; sur l'étiquette, on y voit le dessin d'une bombe, du genre boulet avec une mèche allumée, un vieux cliché omniprésent dans les dessins animés, et qui avait éveillé les soupçons des agents de sécurité à l'aéroport de Blanc-Sablon. Je leur avais signalé que c'était là pour attirer l'attention, juste à côté, sur la teneur en alcool de la chose : 55°... La fouille avait cessé là.

Le bateau se met à tanguer sérieusement; les bouteilles de jus de fruits roulent sur la table avant de tomber par terre; la pluie fouette la vitre du hublot; mon ordinateur glisse sur les couvertures du lit voisin. Je comprends pourquoi le téléviseur a été solidement vissé au pupitre. Les rideaux inutiles qui encadrent le hublot valsent de gauche à droite, s'inclinent vers l'avant puis se plaquent au mur pour quelques secondes avant de reprendre leur manège. Nous venons de quitter la baie de Groswater, cap vers le nord-ouest, et là où les courants costauds de la mer du Labrador nous réservent un accueil tumultueux.

Chaque fois que j'allais m'assoupir, j'étais renversé sur un côté puis sur l'autre, j'entendais rugir la corne de brume et grincer les câbles d'acier; ç'a duré comme ça toute la nuit. À me faire bercer avec un peu de rudesse, je ressentais paradoxalement un profond sentiment de sécurité, de fusion totale avec ces éléments nouveaux dont je m'étais approché sans méfiance et sans attente aucune. La nuit avait d'autres intentions, d'autres secrets, d'autres missions imprévisibles.

Je me suis réveillé recroquevillé dans un lit d'adolescent, dans une petite chambre d'un bungalow construit à flanc de colline, à Makkovik. Une forte odeur de soupe au caribou flottait dans toute la maison. Lori m'avait attendu comme convenu sur le quai et elle m'avait conduit à cette maison qu'elle partage avec son mari Randy, un Inuit. Ils possèdent une auberge en bas de la côte, mais en ce temps de l'année, il est complètement occupé par des prospecteurs miniers ontariens à la recherche de nickel et d'uranium. Randy et Lori m'ont assuré que je pourrais disposer d'une chambre dès le lendemain. J'en avais donc profité pour récupérer le sommeil perdu et je m'étais réveillé à temps pour le diner. C'était la première fois que je mangeais du caribou et ça ne m'a pas empêché de me servir deux autres fois, à la grande surprise de mon hôte.

Randy me met en garde contre les ours noirs qui rôdent beaucoup trop près des habitations en ce temps de l'année. Il m'indique le lieu où se trouve le dépotoir du village et les limites entre lesquelles je peux m'aventurer sans courir le risque de me faire débiter de quelques coups de griffes. Je pressens que le temps sera long à Makkovik.

Je sors inspecter l'état des lieux et vers la fin de l'après-midi, au moment où je me balade sur la grève, j'entends la sirène du *Northern Ranger*, qui revient de Postville, et qui s'avance vers le village. Les passagers que j'avais rencontrés sur le bateau sont descendus pour se dégourdir les jambes pendant qu'on chargeait et déchargeait des marchandises. Les Britanniques étaient heureux de me revoir ; ils m'enviaient d'avoir mangé du caribou le midi et d'avoir du capelan au menu pour le soir. Ils ont croisé quelques débris d'icebergs en montant vers Postville, pas plus. Ils étaient surtout très déçus de ne pas avoir pu se rendre à Nain, comme prévu et voulu ardemment depuis des semaines. Ils s'étaient résignés à retourner à Goose Bay avant de rentrer à Cambridge en rapportant quand même quelques trophées.

Le lendemain, j'ai obtenu tel que promis une grande chambre à l'unique auberge de Makkovik, avec un accès à l'Internet. Je me suis précipité sur mon ordinateur et l'ai branché. Avant même de lire mes courriels, je suis allé sur le site de Marine Atlantique pour prendre connaissance des prévisions du prochain itinéraire du *Ranger*. Je pensais à ces pauvres petits vieux partis de l'Angleterre et forcés de retourner chez eux sans avoir atteint leur ultime destination. Je ne pouvais pas rebrousser chemin à Makkovik. Il fallait à tout prix que je monte jusqu'à Nain.

Le capitaine du *Ranger* avait enfin décidé de reprendre le service normal à partir du lundi suivant. Si j'arrivais à me trouver une place en avion avec Innu Mikun, je pourrais partir dès le lendemain pour Nain, après avoir fait de brèves escales à Postville, Hopedale et Natuashish ; je passerais une semaine à Nain avant l'arrivée du *Ranger* ; je m'embarquerais enfin pour le voyage de retour à Goose Bay. Voilà pour les plans C et D.

Après une série d'appels téléphoniques et d'échanges de courriels, je suis enfin prêt à entreprendre le quatrième segment de mon itinéraire. Je monterai donc à bord d'un Twin Otter de la compagnie Innu Mikun, dès huit heures du matin, et je me rendrai à Nain. J'explique à Lori que je dois écourter mon passage à Makkovik ; elle comprend vite que je ne veux pas perdre la face une fois rendu si près de mon but. Elle m'arrange même le taxi pour l'aéroport le lendemain matin.

Le Twin Otter se pose sur la piste de gravats, au centre d'une spirale de poussière ocre. Les parois à l'intérieur de l'appareil sont totalement recouvertes de graffitis, des signes inscrits à l'encre bleue, rouge ou noire, ou simplement gravés à la pointe d'un couteau. Les passagers doivent descendre à chaque escale pour laisser le pilote et la copilote décharger des marchandises empilées sur les dossiers basculants des sièges, qu'on a repliés. Une fois tout le monde remis en place, on décolle et s'envole et atterrit sans qu'aucun passager ait bouclé sa ceinture. Faut dire qu'on ne vole pas très haut, on effleure les rochers qui ressemblent de plus en plus à des carapaces de tortue. Tout juste après s'être envolés de Hopedale, nous avons survolé une baleine deux fois plus grosse que l'avion et qui nageait sous la surface de l'eau.

J'arrive enfin à Nain après avoir «monté» ce voyage depuis les six derniers mois, après avoir douté que j'y mettrais jamais les pieds, du moins pas cette fois-là. Aussi tôt en avant-midi, il fait déjà 20°C. Je n'ai pas eu le temps de me réserver une chambre à l'auberge Atsanik; l'employée de l'aéroport me présente à la propriétaire de l'auberge, venue là attendre l'arrivée de deux locataires, et qui m'assure pouvoir me loger. Nous montons tous dans le gros pickup de Sarah qui nous mène à l'Atsanik Lodge.

Je suis là pour cinq nuits, autant vider complètement la valise. Je peux même y faire la lessive. Qu'est-ce qui m'attend? Qu'est-ce que j'attends? Je ne sais trop. Tant d'énergie et de créativité mises à l'élaboration d'un pareil périple et voilà, ça y est, je suis rendu. Pour quoi faire? Pour avoir eu le plaisir de bouffer des milles marins, des latitudes et des courants d'air? Pour avoir accumulé des kilomètres dans l'échine, des épaules jusqu'au bas des reins, alors que d'autres construisent des empires et amassent des fortunes à s'en bloquer les artères?

Tout ça pour réfléchir à l'âge, au mien et à celui des autres, à l'heure des bilans, au nord de rien, tout ça pour finalement m'endormir en me livrant à l'attrait du plein, au déplacement perpétuel, à l'invincible attraction des pôles.

Nain : le bout de la route

Du haut d'une colline rocheuse, aplatie, avec quelques touffes de mousse et de lichen éparées ici et là, j'étais assis sur un bloc erratique que les glaces ont trainé là des millions d'années passées, et je regardais en contrebas le petit village de Nain, blotti au fond d'une baie aux eaux d'un bleu conjugué au plus-que-parfait. Le soleil nordique du mois de juillet réchauffait l'air agréablement. Je respirais le parfum sucré de ce paysage impitoyablement rugueux et maladroit, mais tout de même harmonieux, immuable et serein à ses heures. J'étais enfin là où j'avais rêvé de me rendre, pendant plusieurs mois, et la joie ressentie était un baume doucereux sur les fatigues et les tracas que j'avais accumulés depuis quelques années. En effet, j'éprouvais de nouveau de la joie, une joie mince, petite, presque infime. C'est tout ce qu'un humble voyageur espère trouver au bout de sa route, la joie. Je connaissais fort bien ce sentiment pour l'avoir déjà éprouvé au sommet de la montagne Sainte-Victoire, près d'Aix-en-Provence, et que j'avais escaladée à mes risques et périls malgré ma forme physique qui est loin d'être exemplaire. C'était peut-être aussi un mélange acceptable de fierté et d'orgueil, qui sait. J'avais su garder la tête froide, si on peut dire telle chose en ces lieux, et je pouvais me féliciter de ma persévérance à vouloir me rendre là où je souhaitais aller malgré les glaces qui s'entêtaient à s'accrocher au littoral du Labrador. Je m'y étais quand même rendu, au sens où l'on se rend quand on a épuisé toutes ses forces.

Ce n'était pas vraiment le but ou la destination en soi qui m'intéressaient. J'avais accumulé suffisamment d'expérience pour savoir que les défis m'interpelaient davantage que le seul fait de décrocher un trophée au bout de mes efforts. Les nombreux déplacements, le dérangement de mes vieilles habitudes, l'abolition de mon quotidien et de ma zone de confort avaient beaucoup plus d'attraits, de valeur et de sens à mes yeux. Il est si facile de s'encombrer non seulement d'objets, mais de certitudes inutiles quand on s'incruste sous une douillette qui finit par nous aliéner totalement. Ce voyage m'avait permis jusque-là de me secouer, de me donner le coup de pied au derrière, et j'en avais vraiment besoin. J'estime avoir réussi. J'étais parvenu à revivre ce sentiment de lenteur qui m'anime et me pousse à prendre le temps de réfléchir, pour faire le point, pour dresser des bilans. Sacrée, elle l'est, la lenteur. Un luxe nécessaire, au 21e siècle, comme le disait Michel, le pèlerin solitaire qui devait parcourir la Minganie en boitant, à cette heure.

J'avais opté pour la lenteur dès l'adolescence. À l'âge où l'on obtient généralement son permis de conduire, j'avais en poche mon tout premier passeport. Sans jamais avoir voulu prendre le volant d'une automobile ou d'un camion, je m'étais toujours rendu là où je voulais aller. Cette fois-ci, j'aurais pu me rendre à Nain en avion, et en deux jours seulement à partir de Moncton. Il m'en a fallu onze de plus par autobus et par cargo, sur la route et sur la mer. Paradoxalement, le voyage permet la lenteur alors que la sédentarité impose la vitesse. J'écris tout ceci quelques mois après le retour de ce voyage qui m'habite encore et toujours, et après avoir regardé à la télévision, comme des milliers de gens, les aventures de l'équipe du *Sedna IV* qui a passé plus d'un an en Antarctique. Au retour, les membres de l'équipage ont tous vécu la difficulté de s'adapter à nouveau à tout ce qu'ils avaient laissé derrière quelques mois plus tôt : le confort, l'amitié, l'amour, la famille, mais aussi l'agitation, l'argent, la course effrénée vers l'aboutissement de buts qui, finalement, n'étaient souvent que des leurres ou des châteaux de cartes. Il est certes fort difficile d'aller au bout de soi-même ; il est encore plus difficile d'être parachuté soudainement au point de départ.

Assis sur ma grosse roche en haut de la colline qui surplombe le petit village inuit de Nain, ce n'était pas la première fois que j'éprouvais ce que j'avais déjà qualifié de « syndrome de Chatwin », à savoir cette question qu'un voyageur se pose en certains lieux : *Qu'est-ce que je fais ici ?* Je me demandais même s'il n'était pas prétentieux de s'interroger sur l'esthétique ou la poétique de l'immensité, de la Nordicité, voire de l'Atlanticité. Je tâtais la poche gauche de ma chemise safari, raidie par un petit document de 24 pages et qui mesure 9 cm x 12,5 cm. Je réalisais que cet objet n'est rien d'autre qu'un *livre* précieux cousu de fils blancs, avec sa couverture presque rigide et ses pages tamponnées de visas qui sont tous en eux-mêmes des microrécits. Ce huitième passeport, « propriété du gouvernement du Canada », est comme une pierre de plus qui s'ajoute à un cairn, afin d'assurer la protection et la chance d'un errant, et qui est là pour scander un déplacement de plus, pour témoigner d'épisodes supplémentaires nécessaires à la compréhension d'une seule existence humaine. La mienne. Voilà pourquoi j'étais là, j'imagine. Pour tout remettre en question, une fois de plus, mais autrement. Et encore, pour éprouver le tout petit plaisir de murmurer humblement : c'est beau, c'est bon, c'est ça. Du détroit de Jacques-Cartier au détroit de Magellan.

Une fois descendu de ma colline, la réalité m'attendait. L'anecdotique aussi, inévitablement. Les napperons de papier sur la table dans la salle à manger du lodge, où je pouvais y lire mon horoscope... chinois. Les sandwichs Western et la soupe aux pois, dont j'avais complètement oublié l'existence. L'émission « The Price Is Right » à la télé avec l'animateur Bob Barker, avant qu'il ne lève l'ancre pour de bon. La femme de chambre qui se contentait de faire le lit et de flusher la toilette. Et, surtout, les marchés d'alimentation, leurs tablettes vides, comme à Varsovie en 1985. Mais pas pour les mêmes raisons.

Comme dans toutes les petites communautés isolées où l'on s'emmerde royalement – je sais de quoi je parle, je suis né et j'ai grandi dans l'une d'elles –, on attendait l'heure d'ouverture du bar local. Jamais avant 16 h. Faut pas exagérer, quand même. Ni ambitionner sur le pain béni. Pour peu qu'il en reste. Je m'y suis présenté quinze minutes à l'avance, le bar étant adjacent au lodge, on pouvait s'y rendre par un corridor surveillé et géré par le barman. Malgré ma présence hâtive (je n'étais pas encore au courant du règlement), le barman m'a servi une bière tout en m'expliquant comment ça fonctionne par ici. Ça faisait plus d'une semaine que je n'avais bu ni bière ni alcool, et l'Irlandais en moi commençait à s'impatienter. Il est toujours utile et réconfortant d'avoir dans le sang quelques globules irrévérencieux à blâmer pour la soif intempestive qui nous titille. Ça fait l'affaire de tout le monde, surtout si on peut y accoler une étiquette ethnique. Mon second prénom trahit assez bien cette origine celtique qui me ramène toujours au houblon, peu importe mon engouement pour les vins.

J'étais accoudé au bar et j'attendais avec un brin d'appréhension l'arrivée des premiers clients alignés comme de sages écoliers sur le perron de l'établissement, flegmatiques et prêts à recevoir le signal pour entrer dans le bar. Pourtant, je me doutais bien que je n'y observerais pas de comportements ni plus ni moins déplacés que ceux dont j'avais déjà été témoin à Montréal dans les bars branchés du Quartier Latin ou du Plateau Mont-Royal, et l'avenir ne me démentirait pas.

Des jeunes gens désoeuvrés, psychiatrisés, abandonnés, on en trouve dans tous les bars de tous les pays du monde. Ici, un jeune homme que je prénommerai Nathaniel, ou Amos, ou Joshua, ou de n'importe quel autre prénom biblique propre aux fidèles d'allégeance moravienne, se présente à mes côtés pour me faire la conversation. Il est rare que l'on rencontre un Inuit avec une coupe de cheveux stylisée (mèches blondes et tout), une chemise mercerisée et sans la démarche oscillante de son peuple qui semble se déplacer en tout temps sur des raquettes, comme les manchots, le corps balancé de gauche à droite. Il utilise l'euphémisme «différent» pour souligner sa façon d'être; je lui fais remarquer que ce n'est pas lui qui est différent, mais bien tous les autres qui nous entourent. Il trouve ça drôle. Je remarque les signes qui s'étirent tout au long de son avant-bras gauche: on dirait le tatouage d'une arête de poisson. Je reconnais les marques ineffaçables de la détresse.

La décence la plus élémentaire, le respect et la pudeur m'interdisent de raconter sa triste histoire. D'ailleurs, on la devine si on ne la connaît pas déjà. Le désespoir, on en a tous déjà entendu parler, on l'a tous côtoyé à un moment ou à un autre de notre vie. Aujourd'hui, je ne peux m'empêcher de penser à ce jeune homme quand je sais que depuis mon retour, cinq jeunes gens ont trouvé la mort après qu'une bombonne de propane ait explosé et mis le feu à la maison dans laquelle ils se trouvaient. Maintenant, à défaut de vapeurs d'essence, on inhale du gaz propane. L'ennui est le principal ennemi de l'homme; le froid, on finit par s'y habituer, la faim aussi. Mais l'ennui finit par tuer, sans pitié.

L'un de ses copains est beaucoup trop enjoué pour se laisser sombrer dans le désespoir. Tiens, lui, il s'appelle vraiment Amos et il m'a fait rire comme je ne l'avais pas fait depuis longtemps. Il m'aborde en me demandant avec un sourire narquois: *Enjoying the view?* Il travaille à la mine de nickel qui se trouve à quelques kilomètres de là. En suivant une route normale, on s'y rendrait en moins d'une heure, je suppose, mais les mineurs y sont transportés par avion. Amos me dit qu'il ne s'est pas levé ce matin pour aller travailler. Après tout, ce n'est pas tous les jours qu'on a 30 ans un vendredi 13. Je suis pleinement d'accord avec lui et je lui offre une bière.

À 19 h, tout le monde avait déjà de la misère à se tenir debout dans le bar. L'heure était venue de rentrer dans mes quartiers, une idée pas trop déplaisante, d'autant plus que le barman assurait aussi le service aux chambres.

L'heure était aussi venue de quitter Nain. Le ciel matinal était bas et lourd, et les quelques conifères rachitiques dispersés ça et là étaient à moitié engloutis par le crachin. C'était ma dernière journée au village et j'avais envie de me dégourdir. J'ai marché jusqu'à l'aéroport. Un sentier à gauche était trop tentant pour que je puisse résister. J'aurais pu monter jusqu'au sommet de la colline, mais après avoir atteint un point d'observation qui semblait avoir été placé là pour que je m'y arrête, j'ai décidé que c'était suffisant, que je ne continuerais pas plus loin. Même les antipodes ont des limites. J'étais rendu sur un seuil, un autre seuil. Au seuil de la cinquantaine, au début d'un nouveau cycle. J'ai bien l'intention de continuer ma route plus loin, mais autrement.

J'ai mis huit jours à rentrer chez moi. Le chemin du retour s'est fait sans histoires. Je suis remonté à bord du *Northern Ranger* et j'ai caboté le long de la côte en sens inverse, vers le sud. Des familles entières d'Innus se sont embarquées à Natuashish. Ils débarqueront à Goose Bay et de là ils monteront dans de vieux autobus qui prendront la *Trans Labrador Highway* vers l'ouest. À Labrador Cité, ils monteront peut-être dans le train de la North Shore Quebec Railway, qui longe la rivière Moisie en direction de Sept-Îles, d'où un autre bus les amènera à Sainte-Anne-de-Beaupré. Les pèlerins innus voyagent de cette façon au 21e siècle.

Les escales du *Ranger* n'ont offert que des déceptions : rien à raconter ni à surligner. Une forte pluie matinale et l'omniprésence des mouches noires m'ont fait renoncer à me promener à Hopedale. Et Postville se résume à un seul mot : Piogre... Mais bon, à Makkovik, alors que j'observais les allers et venues sur le quai et sur la passerelle du *Ranger*, ô surprise, j'aperçois Lori, l'aubergiste de l'Adlavik Lodge qui se fraie un chemin dans la nuée des passagers. Elle me fait un signe de la Victoire avec ses doigts, me souriant à pleines dents : *So you made it to Nain! Cheers!*

Rendu à Goose Bay, je me rends compte qu'on peut aborder ce lieu d'au moins deux façons. La première fois, on se dit que c'est un trou ; on y revient en soupirant : enfin, la ville ! Le temps d'un arrêt, puis je monte à bord d'un DCH-8-100 de Provincial Airlines et me voilà à Saint Anthony, au nord de l'île de Terre-Neuve. Après trois jours et trois nuits à manger de la morue et du caribou, à errer dans les environs de l'Anse aux Meadows ou à naviguer au large à la poursuite de baleines et d'icebergs, j'ai pris un bus pour me rendre jusqu'à Port-aux-Basques, le long de la route qui borde le détroit de Belle-Isle, que j'avais remonté quelques jours plus tôt en bateau.

C'est à bord du *MV Leif Ericson* que j'ai quitté Terre-Neuve pour me rendre à North Sydney, au Cap-Breton, après avoir traversé le détroit de Cabot. Mon premier choc culturel dans cette ville déprimante: je redécouvre l'existence de la pelouse et du gazon en ce jour de canicule de fin juillet.

J'amorce le dernier segment du chemin du retour avec une certaine appréhension. Après des semaines à profiter de la lenteur, je réagis mal à l'animation urbaine, à l'omniprésence des produits de consommation, à l'insistance des sollicitations de toutes sortes. Ce rythme m'effraie. À Antigonish, c'est comme si je voyais pour la première fois des gens avec des téléphones cellulaires; je m'étonne aussi du nombre de Tim Hortons, de Wal-Mart, d'Atlantic Superstore, de relents d'asphalte surchauffée et de malbouffe.

À partir de New Glasgow, l'autoroute surgit du paysage, c'est l'invitation à passer à une autre vitesse, toujours plus grande. Je sens que je me rapproche de la maison, il ne reste plus qu'à longer les marais qui bordent les méandres bourbeux de la rivière Petitcodiac et me voici de retour au centre-ville de Moncton.

J'ai regardé ma montre en descendant de l'autobus: 16 h 47, le 26 juillet. Ça me fait sourire: c'est la fête de la bonne sainte Anne, patronne des Innus, des Inuits, des marins et des gens seuls. Elle m'aura suivi (protégé?) partout au rythme lent de ces vingt-six derniers jours passés le long du littoral déchiqueté de l'Atlantique Nord.

Le sentiment de rentrer chez soi pour y retrouver ses affaires là où on les avait laissées n'a d'égal que celui que procure le travail bien fait. C'est comprendre le sens de l'expression : boucler la boucle.

En Acadie, on dirait noucler le noucle. Le noucle, ça peut être le nœud qui ferme un balluchon. J'en laisse un de plus derrière moi, un autre sac de voyage défraichi par le soleil et le sel, par l'humidité du littoral, et ce sac-là, je l'ai posé sur le seuil de mon demi-siècle, pour lui tourner le dos, pour de bon.

Mon regard monte un peu plus haut, maintenant, et il se risque à aller tout droit et plus loin, il redécouvre avec curiosité les possibilités immenses que l'horizon lui offre. Il réapprend à voir et à observer, à parcourir le sol en rase-mottes, à surfer sur les parois de la coupole d'une sphère dont il est le centre.

Au bout d'une autre route, j'ai compris avec l'expérience, et avec l'âge, inutile de prétendre le contraire, qu'au bout de plusieurs chemins, deuils, pertes et regrets, je n'ai plus à me questionner quant à ce que je fais *ici*.

C'est qu'à partir d'ici, je crois savoir ce que j'ai à faire *maintenant*.

L'Anse aux Meadows, Terre-Neuve-et-Labrador, 2007.

Né à Rivière-Verte, au Nouveau-Brunswick, Serge Patrice Thibodeau compte parmi les écrivains majeurs de l'Acadie contemporaine. Auteur de livres de poésie, de récits de voyage et d'essais, il a reçu plusieurs distinctions, notamment le prix Émile-Nelligan (1992), le Grand Prix du Festival international de la Poésie de Trois-Rivières (1996), le Prix littéraire du Gouverneur général (1996 et 2007), le prix Antonine-Maillet-Acadie Vie (2005), et le prix Pascal-Poirier pour l'excellence dans les arts littéraires en français (2007).

Après avoir vécu une vingtaine d'années à Montréal et voyagé dans plusieurs pays du monde, et depuis son retour au Nouveau-Brunswick en 2005, cet archéologue littéraire se consacre aussi à la lecture, à la traduction et à l'édition critique de documents historiques écrits au milieu du 18e siècle en Acadie.

Serge Patrice Thibodeau est le directeur des Éditions Perce-Neige, à Moncton.

Table

Vers le Sud

1. Perdre le nord 9
2. Les manchots de Punta Tombo 19
3. Le détroit de Magellan 29
4. Ushuaia et le canal du Beagle............ 37

Vers le Nord

1. Rimouski 47
2. Havre Saint-Pierre...................... 55
3. Kegaska et Unamen Shipu 65
4. Au cœur du Labrador 75
5. Chez les Inuits......................... 85
6. Nain : le bout de la route.............. 93

Du même auteur

La septième chute, poésie 1982-1989, Moncton, Éditions d'Acadie, 1990.
Le cycle de Prague, poésie, Moncton, Éditions d'Acadie, 1992.
Le passage des glaces, poésie, Trois-Rivières et Moncton, Écrits des Forges et Éditions Perce-Neige, 1992.
L'appel des mots. Lecture de Saint-Denys Garneau, essai, Montréal, Éditions de l'Hexagone, 1993.
Nous, l'étranger, poésie, Trois-Rivières et Echternach (Luxembourg), Écrits des Forges et Éditions Phi, 1995.
Le quatuor de l'errance suivi de *La traversée du désert,* poésie, Montréal, Éditions de l'Hexagone, 1995.
Nocturnes, poésie, Trois-Rivières, Écrits des Forges, 1997.
Dans la Cité suivi de *Pacífica,* poésie, Montréal, Éditions de l'Hexagone, 1997.
La disgrâce de l'humanité. Essai sur la torture, Montréal, VLB éditeur, 1999.
Le roseau, poèmes 1997-2000, Moncton, Éditions Perce-Neige, 2000.
Seuils, poésie, Moncton, Éditions Perce-Neige, 2002.
Du haut de mon arbre, poésie jeunesse, Montréal, Les éditions de la courte échelle, 2002.
Que repose, poésie, Moncton, Éditions Perce-Neige, 2004.
Let Rest, traduction de *Que repose* par Jonathan Kaplansky, Fredericton, Broken Jaw Press, 2005.
Lieux cachés, récits de voyage, Moncton, Éditions Perce-Neige, 2005.
Seul on est, poésie, Moncton, Éditions Perce-Neige, 2006 (rééd. 2007).
Les sept dernières paroles de Judas, Montréal, Éditions de l'Hexagone, 2008.
One, traduction de *Seul on est* par Jo-Anne Elder, Fredericton, Goose Lane Editions, 2009.
Anthologie de la poésie acadienne, Moncton, Éditions Perce-Neige, 2009.
Journal de John Winslow à Grand-Pré, essai, Moncton, Éditions Perce-Neige, 2010.
Sous la banquise, poésie, Montréal, Éditions du Noroît, 2013.

COLLECTION PROSE :

Jean Babineau	*Vortex*
	Gîte
	Bloupe
Lison Beaulieu	*Un thé avec Nathan*
Germaine Comeau	*Laville*
	L'été aux puits secs
Philippe Garon	*Ton dictionnaire du bout de la Terre*
Hélène Harbec	*Les Voiliers blancs*
Ulysse Landry	*La Danse sauvage*
	Sacrée montagne de fou
Gérald Leblanc	*Moncton Mantra*
Charles Pelletier	*Étoile filante*
Martin Pître	*L'Ennemi que je connais*
Camilien Roy	*La Première pluie*
Roméo Savoie	*Le mensonge caméléon*
Mario Thériault	*Terre sur mer*
Serge Patrice Thibodeau	*Lieux cachés*

www.ingramcontent.com/pod-product-compliance
Lightning Source LLC
Chambersburg PA
CBHW042138160426
43200CB00020B/2979